诸子论诸子

先秦文化窥豹

蒋原伦 著

广西师范大学出版社
·桂林·

诸子论诸子——先秦文化窥豹
ZHUZI LUN ZHUZI——XIANQIN WENHUA KUIBAO

图书在版编目（CIP）数据

诸子论诸子：先秦文化窥豹 / 蒋原伦著. -- 桂林：广西师范大学出版社, 2025.3. -- ISBN 978-7-5598-7841-0

Ⅰ. K220.3

中国国家版本馆 CIP 数据核字第 2024S70G81 号

广西师范大学出版社出版发行

（广西桂林市五里店路 9 号　邮政编码：541004）
　网址：http://www.bbtpress.com

出版人：黄轩庄

全国新华书店经销

广西广大印务有限责任公司印刷

（桂林市临桂区秧塘工业园西城大道北侧广西师范大学出版社集团有限公司创意产业园内　邮政编码：541199）

开本：880 mm ×1 240 mm　1/32

印张：8.25　　字数：170 千

2025 年 3 月第 1 版　　2025 年 3 月第 1 次印刷

定价：59.00 元

如发现印装质量问题，影响阅读，请与出版社发行部门联系调换。

诸子研究的新思路(序)

李春青

研读古籍是难的,研读古籍且能有自己的独到见解,不人云亦云,就更难了。进而言之,研读古籍,不仅有自己的独到见解,而且把文章写得让人能够读进去,能乐在其中,那简直就是百不一遇的事情了。蒋原伦教授的这部《诸子论诸子》中所收的就都是这样的文章。其文构思严谨而精巧,文字省净而确当,行文平实而畅达,时有诙谐幽默之笔,令人忍俊不禁。读这样的文章不仅可以得到思想上的启迪,而且可以得到阅读的快乐,可以说是一种享受。把文章写得既有学术上自家体悟出来的独到之见,又有令人轻松愉快的"滋味",那真是一种难以企及的境界。

先秦诸子是"百家争鸣"的产物,是后世两千多年间中国学术文化的源头活水。冯友兰先生的《中国哲学史》

将中国古代哲学的发展分为两个时代，一是"子学时代"，一是"经学时代"。就对中国传统主流文化的影响而言，二者确实可以等量齐观。然而站在今天的立场上看，就思想的丰富性、深刻性，特别是创造性而言，经学实在不能望子学之项背。子学可以说是真正的"自由之思想，独立之精神"之产物，经学则不过是一帮循规蹈矩的儒生在那有限的几部古代典籍以及恪守"家法""师法"的历代传注中不断爬梳抉剔、花样翻新而已，无论是章句训诂还是微言大义，都很难说有真正的思想价值。经学自然有其历史的意义，这曾经是古代知识阶层与君主争夺话语权的主要场域，也是他们协商共谋建构主流意识形态的基本方式，对于维系古代社会的政治秩序和伦理秩序起着重要作用。但是就其于今日的学术意义与思想价值而言，则经学实无法与子学相提并论。就拿儒学本身来说，作为子学的原始儒学，在思想价值上，也远远高于经学化了的儒学。原伦兄选择诸子为研究对象，可谓有见。更值得称道的是，他不是直接谈论某一"子"本身，而是透过其他"子"的眼睛看，如此则不仅同时讨论了两家的思想，而且讨论了二者的关系，不能不说这是极好的视角。

先秦诸子离我们已经两千多年了，读他们的文字、谈论他们的思想难免会有很强的距离感，而高明的作者恰恰能够消除这种距离感。增强文章的现场感是消除距离感的妙招，这正是原伦兄文章的基本特点之一。请看这段文字：

> 吕不韦看到战国四公子个个以养士而声名卓著，觉着秦国武备强盛，没有文人烘托，有点脸面无光，于是以优厚待遇广泛招徕士人、食客三千。又看到荀子等人的著述满天下传播，也觉着应该搞一个国家级的重大项目出来刷存在感，于是让这些士人各自认领一些子项目，递交作业上来。再将这些作业修改、编辑、整理、汇集成册，"号曰《吕氏春秋》"。(《从〈吕氏春秋〉到〈淮南子〉》)

读这样的文字，两千多年的时间距离瞬间消失了，虽是戏谑之词，却也合乎逻辑。诸如此类的文字在蒋兄的文章中随处可见。研读古人著述根本上是和古人对话，如果把古人看作某种需要探究的客观对象，忘记了他们的著述原是活的精神之表征，那样的研阅就很难真正理解古人著述的真义。心里存着对话的意识，把自己置于古人的文化语境之中，倘有所言说，就自然会有现场感。这样的文字也才有"滋味"。

文章要想令人读进去，不生厌，有趣是很重要的。放眼望去，当下的学术文章基本上就和"有趣"不沾边，尤其是C刊以上高级别的文章，一律是板着面孔说话，似乎生怕读者失去了敬畏之心。当年鲁迅先生《魏晋风度及文章与药及酒之关系》那样的文字可以说后继无人了。原伦的文章可以说是得了鲁迅的一些真传的。请看下面的句子：

　　《大宗师》的篇名是有点惊悚的，让人以为是武林高手或者黑道老大要出场，结果并无这类人物。(《庄子心目中的孔子》)

　　也许在仲尼之门羞言"五伯"的人群中，子贡是另类的，他属于书要读好，钱也要挣到的那一类人。可能他早年想的就是以管仲为楷模，要务实，搞点钱以赞助师门。那样，师父一定会说："如其仁，如其仁！"(《儒门论管子》)

　　令人读来忍俊不禁。特别是后面一段，不仅幽默，而且符合人物性格，可谓神来之笔。然而原伦兄的这组文章绝非拿古人开涮的文字游戏，严格说来，这是一组严肃的学术文章，讨论的都是子学研究中的大问题。正是轻松活泼的文字和有深度的学理之间的反差，使这些文章显示出不可多得的独特魅力。这里略举数端，便可知我所言不虚。

　　《老子》一书的年代以及道家学说在先秦的地位一直是学术界争论不休的一桩公案。经过罗根泽《老子及〈老子〉书的问题》及《再论老子及〈老子〉书的问题》，蒙文通《杨朱学派考》以及钱穆、冯友兰诸家从不同角度的考论，《老子》一书的面世不早于战国中期几乎成为学界共识。原伦兄没有像诸位前辈那样陷入烦琐考证，而是仅从对《庄子·天下》和《韩非子·显学》诸篇的文本细读中提出了自己对这一问题的看法：

> 从《天下》篇的论述看，此老聃非孔子所问礼的那位老子，同时也意味着今天我们所见到的《道德经》可能没有那么早出现。倘使《道德经》在孔子时代就问世，那么，道术为天下裂的第一波应该是道家，而非墨家。如果是这样，孟子也不太可能称："杨朱、墨翟之言盈天下。天下之言，不归杨，则归墨。"（尽管其意图只是攻击墨家）韩非在纵论天下显学时，儒墨并称，似也表明那时的道家还没有那么显赫。（《道术为天下裂》）

根据《天下》篇列举顺序以及诸子所言，《老子》一书很可能是到了战国晚期方才在诸子百家这一学术共同体中产生普遍影响的。而在战国前期，基本上是儒墨两家的天下，其他各说，都是战国中后期才发展起来的，而且不是分蘖于儒家，就是受到墨家影响，另外就是直接针对儒墨而反为之说。能够从文本自身逻辑中读出《老子》晚出的结论，这是善于读书。作为道家重要分支的杨朱学派至少在战国中期已经产生广泛影响，那么这个学派和老子及庄子是什么关系？这同样是学界始终未能解决的问题。原伦兄根据子学时代的"思想进程"与《杨朱》篇的"思维层次"判断，收于《列子》中的这篇文字应该是百家争鸣早期的产物，如此一来，杨朱学派应该是在传世本《庄子》之前就已经存在了。这也不失为一家之言。

在阅读《庄子》时，有一个问题长期困扰着读者们，那就是在庄子的心目中，孔子究竟是怎样一个人。学术史的常识告诉我们，道家是否定礼乐文化的，因此也是反对儒家学说的。于是很多人都把《庄子》一书经常大段引述的孔子的言谈以及他和弟子之间的对话，理解为"寓言"或"重言"。对此原伦也有自己的不同理解。他说：

> 孔子于庄子而言是一个巨大的存在……其时孔子过世百多年，尚没有什么官方加封的吓人头衔，而那时的所谓官方，周天子自身也摇摇欲坠，即便加封也无人理会。至于那个"废黜百家，独尊儒术"的时代还远远没有到来，由此可以判定，孔子的思想学说在民间士人群体那里已有广泛影响，成为谈资，成为不可忽略、难以绕过的思想高地。

"孔子于庄子而言是一个巨大的存在"，这是很独到的看法，同样是善于读书者才有的体会。以往学界大都关注庄子如何假借孔子之言表达自己的见解，很少有人体悟到孔子之于庄子的重大影响，其在庄子心目中有着无可比拟的分量。有人认为《庄子》书中，凡是肯定孔子的地方都是道家后学所为，因为随着儒学的发展传播，影响越来越大，有些道家后学受到濡染，因此就不像早期道家（例如庄子本人）那样贬斥儒家了。例如蒙文通先生就持此论。多数人则无视《庄子》书中内、外、杂三篇对孔子态度的迥然不同，认为表面上尊重孔子、赞扬孔子，不过是借孔子之口表达自己的思想罢了，是反讽。其与直接嘲笑孔子的文字并无根本之别。在原伦看来，这两种见解均不足采信。他敏锐地发现，孔子在庄子那里是一个"巨大的存在"，换句话说，对于庄子而言，孔子并不是简单地被视为一个轻视和嘲笑的对象。这是真知灼见，较之那种以为庄子始终都对孔子持否定态度的观点高明多了。至于《庄子》一书的不同篇章何以会对孔子表现出完全不同的态度，他也给出了自己的解释：

> 即在庄子自身所处的年代，儒学气象颇宏阔，趋从者众。所以，庄子借重孔子要多于老子，并没有把其作为对立面来批判。随着战国后期纷争形势的加剧，儒学宣扬仁义四处碰壁，撞南墙而不知回头，这就给批评儒学的人留下了靶子。庄子的后学们于是在外篇中推崇老

子的无为，批评仁义的不合时宜，由此老子不断现身，并一而再，再而三地给孔子指点迷津。(《庄子心目中的孔子》)

其说与蒙文通先生刚好相反，也是合乎逻辑的一家之言，在我看来，至少其说服力并不逊于蒙说。当然，这种见解是建立在一种预设之上的，即《庄子》之内篇为庄子本人自作，外篇和杂篇则为庄子后学所作。这确然是学界的主流看法。但对此也并非没有质疑之声。例如冯铁流先生就根据《天下》篇的概括来分析庄子的思想，认为《庄子》内篇的《养生主》和外篇的《至乐》才是最能代表庄子本人思想的文字。至于《齐物论》《大宗师》等内篇文字反而是战国后期道家后学所为。[1]此论亦可谓言之成理，持之有故。如此则《庄子》一书对孔子态度的不同自然就有另外一种解说。

《天下》确实是研究先秦诸子学不可多得的学术史文献，而且诚如原伦兄所见，这篇评述各诸子学派的文字不像荀子的《非十二子》、韩非的《显学》那样带有过于鲜明的褒贬意识，"而是以诚意与理解的态度，予以梳理，其评

---

[1] 冯铁流《先秦诸子学派源流考》，重庆出版社2005年版，第41页—42页。

点颇切中肯綮"(《道术为天下裂》)。尤其值得注意的是,《天下》并没有把儒学列在各派之中。因此就有学者认为这篇文字有可能是儒家学者所为。更多学者则认为此篇以其高明之见,非一般庄子后学所能为,当为庄子自作。在蒋兄看来,庄子是一位博学且通达的人,对各家学说能够有较为客观的评价,因此对孔子保持了相当大的敬意。这与《胠箧》《盗跖》等篇的作者那样对孔子极尽嘲讽之能事,是不可同日而语的。正是因为庄子心目中的孔子如此重要而正面,因此"在内篇中,所有复杂一点的道理都让孔子来开口,孔子似乎是说理者的化身,他能对许多不同的事物和现象作出精辟的阐释,并能窥见最高最根本的大道理。按理在文本中,孔子就是庄子的代言人,不过有时孔子又像是庄子的一位对话人,文章思路的推进有时需要借助这么一位对话者。这情形有点像柏拉图的对话录,在对话中,思想的火花迸发激荡,真可谓'东海西海,心理攸同'"(《庄子心目中的孔子》)。这也是通过文本细读、体会产生出来的见解。

原伦兄善于读书,能够时时提出自己的真切体会。他阅读诸子,认为从"思辨力"的进展程度来考察子学的价值,也是一个重要视角。例如在《关尹子释道》一文中,他就是依据此书"形而上学演化"的进路来判断关尹子在诸子百家中以及中国学术的发展过程中的重要地位。在先秦诸子中，除《道德经》之外，对"道"这个最富形而上学色彩的概念展开深入系统阐述的，无出《关尹子》之右者。传世的《关尹子》固然不一定全然是先秦原书，但关于"道"的深湛之见确然可以判定是那位与老聃齐名的关尹的学术特点，这可以从《庄子·天下》以及后世道家的大量相关记载中见出。蒋兄的这一视角具有重要启发意义，可以作为辨别诸子时代先后的重要依据。因为思想的深度、思辨的高度是需要一个渐进的过程的。

　　蒋兄虽然是谈论先秦诸子，但并没有像眼下一些人那样热衷于所谓出土文献的使用。他是靠读书细来有效使用传世文献材料的。在我看来，这是出于谨慎的学术态度。使用出土文献实在是有些冒险的事情。一者是很难说真的读懂了。那些简牍或则其文漫灭，或则异形难辨，即使是搞古代文字学研究数十年的专家，常常也是一人一义，十人十义，令人无所适从。再者是使用了出土文献就真的有新的学术发现吗？未必。我读过一篇阐释古代文论概念的文章，大量引用了郭店简、上博简、清华简的文献，然而令人惊异的是，其结论基本上毫无新意可言，都是前人说过的。这样的文章除显得有新材料之外，是没有太多学术价值的。传世文献用得好，也能解决大问题，而只要读书细，就能够在人们熟知的文献中发现有价值的材料。就像钱穆先生的《刘向歆父子年谱》一样，基本上用的都是《汉书》里的材料，但其考证之精审是学界公认的。

原伦是我的师兄，四十年前我们曾在北师大同窗共读，他是文学理论家童庆炳先生的首届硕士研究生。记得那时候他热衷于当代文学批评，而且已经小有名气，常有文章见诸报刊。或许是这个原因，再加上年龄稍大一些，所以他提前毕业去了《文艺报》做编辑。他的《文学批评学》《90年代批评》等著作在文学批评界都颇有影响。在报刊界辗转多年之后，蒋兄又回到北师大，读了博士学位，开始从事传播学的教学和研究。出版了专业性很强的著作，主编了丛书，亦可谓成就斐然。他全力研读古籍，大约是近十来年，即退休前后的事情。蒋兄的文笔原本在我们师兄弟中就是最好的，经过多年淬炼，现在是越发平实而精彩了。记得是2017年，那时候蒋兄的"诸子说诸子"系列还没有开始，我曾读过他发表在《人民文学》上的散文《灵渠》(该文见本书"附录")，当时便被深深吸引，文字老辣，叙事舒缓有度，娓娓道来，将灵渠的修建与都江堰、郑国渠相交织，把这两千多年前的三项伟大水利工程的建设与相关的水利知识置于战国争雄的历史情境之中，令人读时强烈地感受到厚重的历史感，同时不由得对古人的智慧生出深深敬意。我们生活在现代社会，潜意识中总觉得我们什么都比古人高明，实际上只要真的了解历史，就不难发现，在许多方面我们甚至还不配做古人的学生。蒋兄的这篇

《灵渠》有满满的知识含量,上至两千多年前的兼并与反兼并之争,下至著名的"李约瑟之问",纵横捭阖,信手拈来。记得当时我和蒋兄说过,你的文章不同于一般的所谓"文化散文",更不同于随感而发的"随笔",当然也大异于时下充斥各类学术期刊的"论文体",可称为"学术散文"或"学术随笔"。从《灵渠》到《诸子说诸子》,蒋兄一以贯之,以散文的方式谈论严肃的学术问题,把深刻的学理蕴含在轻松幽默的叙事和议论之中,让读者既获得知识上的滋养,又得到思想上的启迪,而且还享受到阅读的乐趣,洵属可贵!期待蒋兄不断有新作问世。

2024年9月17日于北京京师园

目　录

庄子心目中的孔子　1

荀子与孟子　20

韩非说老　39

墨子非儒　55

儒门论管子　72

一毛不拔，千古杨朱　90

关尹子释道　*109*

白马非马公孙龙　*126*

道术为天下裂　*141*

从《吕氏春秋》到《淮南子》　*160*

附　录

"格物致知"小议　*179*
《新序》《说苑》和刘向的施政理念　*191*
《洛阳伽蓝记》及其空间叙事　*201*
文物与宝物　*215*
灵　渠　*226*

后　记　*243*

庄子心目中的孔子

孔子在庄子心目中的地位历来是一个谜，从《庄子》三十三篇内容看，庄子对孔子有褒扬，有讥刺，有怒斥。莫衷一是。不过按内篇、外篇、杂篇顺序排列，孔子的地位由高到低，一目了然。这记录了庄门后生与儒家子弟分道扬镳的历程，也弹拨出"道术为天下裂"的节奏。

写下这个题目，不仅是表达一种见解，也是对自己以往认识进行一种纠正。因为在我印象中，庄子是一直喜欢怼孔子的，或尖刺，或挑逗，或戏弄，总之没怎么待见过这位圣人。这里边有读《庄子》的某些文本（如《盗跖》《渔父》）的原因，更有少年时，整个社会开展批林批孔运动所产生的影响。当然，庄子的洒脱和笑傲江湖与孔夫子的谨言慎行也是一种对照，加深了我的这一印象。

钱穆先生在其《庄子纂笺》的开篇就说："《庄子》，衰世之书也，故治《庄》而著者，亦莫不在衰世。"这话自有其道理，但是细想，历朝历代均不乏治庄者，很难用处于盛世或衰世来区分，倒是能用个人的穷困和通达来解释，即与其用时代这个大背景来做参照，不如下沉到具体个人的际遇更有说服力。

在中国的思想源头上，有先秦诸子百家，那时呈现一片辉煌景象，说星汉灿烂可以，说鱼龙混杂亦可。可惜流传下来的文献的数量却大不如人意。如荀子在其著述《非十二子》中所批驳的诸子们，除了墨子和孟子等几位，其他诸子的书在今天已经湮没无闻。所谓书有"十厄"，从秦始皇焚书算起，经由五胡入华、安史之乱，再到靖康之变，许多珍贵的学术典籍都灰飞烟灭，只有一些儒家和道家等的文化典籍保存得相对完整。所以后来的文化人在治学上也没有太多的挑选余地，不管你是否服膺老庄之学，老子、庄子的书就摆在那里，再说，即便是规规矩矩的儒生，心目中也有一个逍遥豁达的庄子在。当然也可以说，正是因为儒家和道家的学说有其社会需要，所以不管社会如何动荡，如何兵荒马乱，其"香火"照样能赓续不误。

儒家和道家，一入世，一逍遥，构成了文化功能上的互补。不过这"互补"，往往是以道家补儒家，而非儒家补道家，由于人们生活在现实世界中，受现世的种种俗务和烦恼困扰，因此能给予人们解脱的往往是道家文化或者佛教文化。其实儒家文化的内涵中也有解脱之道，修身齐家之后不一定非要治国平天下，只是许多读书人习焉不察。在这篇文章中暂时不表。

谁是大宗师

很难用一句话来概括庄子心目中的孔子，其时孔子的形象尚未定于一尊，是有点儿驳杂的。但是有一点可以肯定，孔子于庄子而言是一个巨大的存在，因为在《庄子》这本书中，提及孔子的地方非常之多，且在篇幅和字数上也超过了老子。

一般认为，《庄子》一书三十三篇，不全是庄子所作，其中的内篇为庄子真传，这一点在学界基本没有异议。以内篇七篇为例，庄子提及了许多上古人物和先贤，如尧、舜、许由、商汤、伯夷、叔齐、老聃、孔子……这些人物在庄子笔下"召之即来，挥之即去"，个个都逍遥，实际上这也是庄子的逍遥游，即游走于历史长河之中，笑谈于先贤群英之间。但是其中，孔子占的篇幅最多。光在内篇七篇中，涉及孔子的就有四篇，一些篇章如《人间世》《德充符》《大宗师》等，都大段"引用"孔子和他学生的对话，展现了夫子对弟子和后生循循善诱、诲人不倦的风范。这些似都表明在庄子时代，孔子思想的影响力和覆盖面之大。其时孔子过世百多年，尚没有什么官方加封的吓人头衔，而那时的所谓官方，周天子自身也摇摇欲坠，即便加封也无人理会。至于那个"废黜百家，独尊儒术"的时代还远远没有到来，由此可以判定，孔子的思想学说在民间士人群体那里已有广泛影响，成为谈资，成为不可忽略、难以绕过的思想高地。

前文之所以在"引用"上打引号，是因为《庄子》中许多的孔子言论并非孔子所说，乃庄子所杜撰。庄子的文体有"寓言十九，重言十七，卮言日出"之说，说的是他的表述中有大量的寓言和名人名言。那些寓言灵动而诙谐，是庄子"齐物"或"鱼之乐"智慧的结晶，而那些名人名言（即重言）是庄子假借历史上的著名人物之口，说出他自己深邃的思考和惊世骇俗的见解，这也可以看成庄子说理的一种修辞方式。或可说"六经责我开生面"，在庄子那里已经有了端倪。

不管人们有没有细读庄子，这位先哲留在人们心中的印象就是逍遥自得，这倒不全是《逍遥游》居全书的首篇，或在各种教材选本中赫然在目的缘故，而是千百年来，"逍遥"似乎就是庄子的别名，我甚至有种错觉，在词源上该先有庄子才有逍遥之谓。台湾学者傅佩荣的庄子研究著作的名字就是"逍遥之乐"。

不过读了《人间世》《德充符》等篇章后，我们会诧异，这难道是写《逍遥游》的同一个庄子？《逍遥游》气势磅礴，居高临下，远离人间烟火；而《人间世》则一上来就是孔子和颜回的对答，讨论的是一些十分世俗而功利的话题，即如何侍奉或应对人君。颜回欲去卫国辅佐国君，征求老师的意见。在师徒间周详而设身处地的对话中，读者可以见出孔子洞察人事的绵密思虑和丰富的社会经验，实际上是孔子在教导颜回如何处理复杂而不确定的君臣关系。接下来，叶公子高将出使齐国，求教于孔子，又是一段类似的对话，既有天地之命又有君臣之义等。一个老到的、富有政治智慧的孔子形象跃然于笔下。

前文已经说过，学界鲜有人怀疑内篇不是庄子本人所撰写，我想的是，《逍遥游》和《人间世》，一在九万里之上鸟瞰，一在人间世忙碌，分别是庄子在人生的哪个阶段所撰写？虽然《逍遥游》的篇目在《庄子》全书之首，但是在写作上可能晚于《人间世》，因为前者的境界和豁达不是天生的，源自在人间世历练后的彻底醒悟。但是反过来说也通，即《逍遥游》是写于早年，那时庄子年轻，想象力丰富，气盛而言殊，到了晚年，既受孔子影响，又被现实生活经验侵蚀了奇瑰的想象力，所以只能在人间世打滚。

接下来的《德充符》应该是与《人间世》同一个年代所撰，虽然在《德充符》一文中，展现了孔子的另一种风范，但是这正是儒家仁义的风范。在此文中一连出现了几位兀者和面目丑陋的人，所谓兀者即断一足之人，这些形体上有缺陷或者不完美之人，却有着常人所不能企及的德行。第一位是鲁国的王骀，据说"从之游者，与仲尼相若"。即王骀门下的学生与孔子一样多，似乎整个鲁国的有志青年，一半跟了孔子，另一半拜入他的门下。王骀的授徒方式也有些特殊，"立不教，坐不议"，但是每个学生都能"虚而往，实而归"，也就是说王骀能以超于言语之外的教学方式让每个学生都有切实的收获。这情形是有点蹊跷的，像佛祖拈花迦叶微笑那般神奇，其时佛教并未传入中华，不过从后来儒释道三家合一可以看出，当初应该是有那么一些端倪的。孔子的学生将此情形告诉孔子时，孔子的反应是"夫子，圣人也……丘将以为师"。因为王骀做到了"审乎无假，而不与物迁，命物之化，而守其宗也"。这几句话的意思，按一些学者的解释，指他能处于无所凭借的境地而不受外物变迁之影响，主宰事物的变化而执守事物的枢纽。

除了王骀，还有几位兀者，如申屠嘉、叔山无趾等，在德行方面各有出色的表现。他们都是内心光明磊落而处事淡定、大度从容、不卑不亢之人，均得到了孔子的赞扬和称颂。这里，我们可以追问的是：庄子为何将德行和身体残缺的人联系起来？另外，又为什么要假借孔子之口，说出这些道理？在庄子那里，内心的修为和外在的形体是两个不同层面上的事情，庄子之所以在通篇之中拈出的都是形体残缺和面目丑陋之人，就是为了强调这一点。显然，在庄子的价值观中，内心生活的重要性大于外在的形体之美。立身之根本，不在于外在形体，而在于内在的修行（偶尔我会联想到庄子本人的相貌如何，有没有引起过他人非议）。

其实，哲学思考的第一个飞跃，就是将有形的世界与无形的道（或者说逻各斯）分离开来，或者说从世界的表象中探究事物的内在本质，并从感性中升华出某些人们称之为理性的东西。人们情感上倾向或喜欢貌美之人，但是外形的美丽并不一定可靠，所以庄子干脆矫枉过正，虚构了三四个兀者和貌丑之人，并让他们分别对话于孔子、老子、郑国的大夫子产和鲁国的国君等，以表明他们的高尚，这高尚是境界上的高尚，而非社会地位和身份上的高贵。

庄子通过孔子说出这些道理，是为了赋予这些说法以权威性。在道家那里，内在的道和外在的形不在一个层面上，所谓"道可道，非常道"，所谓"美言不信，信言不美"等，都是对此的说明。但是一般人不见得这么认为，所以要借助孔子之口借以推广，由此也可以推断，其时孔子在士这个阶层包括年轻的学子那里的影响力和传播力非同小可。而且孔子在《德充符》中显得特别谦逊和低调，善于检讨自身，不以有德者自居。自然，庄子写作《德充符》并非为了塑造孔子形象，他只是觉得这一番大道理只有由孔子来说出，才够分量。由此，读者领略到的孔子是一位谨慎谦虚、胸怀宽广、善于学习他人长处之人。这一形象也延续到了《大宗师》中。

　　《大宗师》的篇名是有点惊悚的，让人以为是武林高手或者黑道老大要出场，结果并无这类人物。大宗师既可以看作某位世外高人，似乎也可以看作一种行为。如在陈鼓应看来，所谓大宗师，就是"宗大道为师"，或者师法大道的意思。这回孔子出场，面对的是一群不拘社会礼俗的人。朋友死了，他们却对着尸体弹曲唱歌；母亲仙逝，脸上哭泣，心中无悲戚，所谓"居丧不哀"。孔子的学生不解，就跑来问老师，孔子则称那是一群方外之人，不能以常人的礼俗来要求他们，于是又讲出"不知所以生，不知所以死"的一番道理来（即在某些得道之人那里没有生与死的严格区分，故他们能坦然面对生死，顺其自然）。此篇中最有趣的是当颜回说出自己进入"堕肢体，黜聪明，离形去知，同于大通"的"坐忘"境界时，孔子表示要追随颜回。所以这篇里的大宗师，也许就是颜回。

　　读者会发现，在内篇中，所有复杂一点的道理都让孔子来开口，孔子似乎是说理者的化身，他能对许多不同的事物和现象作出精辟的阐释，并能窥见最高最根本的大道理。按理在文本中，孔子就是庄子的代言人，不过有时孔子又像是庄子的一位对话人，文章思路的推进有时需要借助这么一位对话者。这情形有点像柏拉图的对话录，在对话中，思想的火花迸发激荡，真可谓"东海西海,心理攸同"。

天道与自然

许多研究者认为外篇和杂篇可能是庄子的门生和后学陆续撰写,之所以如此判定,有各方面的理由:有的是从文风来推测,有的是从文章中所提及的事件来判定,也有的从思想内容着眼,认为外篇和杂篇中的一些说法与内篇相抵牾和扞格。其实从这些文章所"引述"的孔子的言论和对话中,也能见出分野。在内篇中,孔子基本是一位圆满的智者、有德者,对各种事务应对自如,进退之分寸把握得恰如其分。在外篇中,情形就不太一样,孔子的形象明显褪色,地位也下降。对世事显得不怎么有把握。特别是他与老子相见时,自信心也略显不足,基本上只有聆听后者的教诲和指点的份儿。老子问他学道如何,孔子称学了十二年,仍未得道。这情形有点悲催,当然,从活到老学到老这个角度讲,人人都在路上,这也马马虎虎说得过去。在杂篇中,情况更为不妙,孔子成为被揶揄和挖苦的对象,不仅书生气十足,而且还有点伪善,与内篇七篇中的孔子形象完全不可同日而语。故苏轼认定《盗跖》《渔父》等篇为伪作。

这里先说说外篇。外篇中有《天地》《天道》和《天运》,均为高屋建瓴之作,起调就上了概念的天花板,由天地之广大、天道之运行说起，有后来者居上的气派。所以说外篇是庄子门生或后学所著，不无道理，抽象的道理是要后人前赴后继、步步推进的，虽然庄子很厉害，但是弟子们毕竟是站在大师的肩膀上，且其中应该有青出于蓝者。

在《天地》篇中，孔子弟子子贡见到一丈人抱瓮取水灌溉菜圃，颇劳累，于是好意提议用机械灌溉，可"一日浸百畦，用力甚寡而见功多"，不料子贡却反被丈人批评以机巧之心取代淳朴的心性，丈人同时批评了孔门弟子，认为他们是一伙以博学自夸而获取声名的人。这算是比较严重的批评了。怎么由子贡的善意建议一下子就跳跃到对孔门的批判呢？不过，如果将其看作道家对于儒家观念的批评，而不是一个菜农对于子贡的指责，这就比较好理解。

那么，孔子或儒家是以什么博得名声的呢？是以机巧之心吗？好像也不是，其实儒家的声名就源于周游列国，提倡仁义。在这方面，孟子算是一个典型，他四处游说，劝说君王施行仁政，但没有什么实际效果，徒有虚名，这大概给庄子及其门生留下了把柄。也因此在《天道》篇中，老子在与孔子对话时，直接批判了仁义。孔子认为"中心物恺，兼爱无私，此仁义之情也"，老子则认为，兼爱有点迂腐，无私实际就是偏私。进一步，老子说道："天地固有常矣，日月固有明矣，星辰固有列矣，禽兽固有群矣，树木固有立矣。"一切均自然运行，在此之上硬要再去揭示什么仁义，那就是乱人之性情。

同样的意思，在《天运》篇中大致重复了一遍。孔子"见老聃而语仁义"，结果又被老聃一通批驳："夫播糠眯目，则天地四方易位矣；蚊虻噆肤，则通昔不寐矣。夫仁义憯然，乃愤吾心，乱莫大焉。"意思是糠麸眯眼，蚊虫扰睡，仁义乱心，而且是最大的祸乱。批评的焦点还是落在"仁义"两字上，这是道家对儒家的总体性批评，此情形在内篇中是未曾有过的。这不仅表明道家的基本思想不同于儒家，而且也明确了儒家的核心观念可以概括为仁义。这仁义虽然是儒家独产，但也不是没有来由的，追溯起来，儒家的话语往往从尧、舜、禹、汤、文、武、周公一路承继过来，于是文章又从三皇五帝说起，描述了一条治国的路径，黄帝如何，尧如何，舜如何，大禹又如何，等等。尽管观念上层层推进，治理上层层加码，但是在道家看来，总体上是越治理越差，可谓每况愈下。原本道家提倡无为而治，所以从上古一直数下来，也是符合道家学说的逻辑。今人一提起无政府主义者，往往会联想到法国的或俄国的谁谁谁，其实这个世界上最早的无政府主义者，应该是中国的道家。

　　按理，在道家的词典里是没有与时俱进概念的，因为在道家看来，那个鸡犬之声相闻，老死不相往来的时代，是最为和谐的时代，所以远古时期最好。当人们从外部干预社会，强加各种理念于社会管理之上，哪怕是天皇老子，哪怕是圣人再世，也行不通。所以"三皇五帝之治天下，名曰治之，而乱莫甚焉"。这越治越乱的原因是人类的智慧往往违背天理，即"三皇之知，上悖日月之明，下睽（睽：违）山川之精，中堕四时之施，其知憯于蛎虿之尾、鲜规之兽（蛎虿和鲜规是指毒虫和小动物），莫得安其性命之情者，而犹自以为圣人，不可耻乎？其无耻也！"正因为三皇之知不仅违背天地日月的运行，而且还有毒性，而他们偏偏还要以圣人自居，这就显得十分可耻了。难怪道家的思路是弃圣绝智，反对机巧之心，甚至要回到三皇五帝之前的蒙昧时期。

但是不讲与时俱进，不等于没有顺势而为，道家认为孔子和儒家倡导周礼，是不合时宜的做法，礼义法度者，是应时而变的，在春秋战国时期，如果还要返回到以前，去行周公之礼，就像让猿猴着周公的衣服那样可笑。这里说道家顺势而为，不够准确，道家的意思其实是顺势而不为，"顺物自然而无容私焉，而天下治矣"（《应帝王》），因为人为的一切都是破坏自然状态的，所以儒家的有所作为不仅是徒劳，而且是违背天理的。

那么问题来了，什么是自然呢？在道家那里，"自然"似乎是一个终极概念，因为老子说："人法地，地法天，天法道，道法自然。"只是在老庄哲学中，我们无法追问什么是自然，自然是最原初的存在，也是逻辑的尽头，"自然"而然也罢，顺其"自然"也罢，都暗含着一种原始的或永久的秩序，但是谁也无法溯时间而上，到达那个自然的源头，所以自然因其不可捉摸而有着统摄一切的神秘性，这一神秘性又由"道"来概括，神秘之上加莫测。如此一来，儒学中的任何说法和概念都无法与其匹敌。因为儒学中的概念，都是比较具体的、可以践行的，比如"仁义"中的"仁"，大抵是"仁者爱人"，或者"克己复礼为仁"云云，因为仁或义，无论怎么界定，都着眼于人的行为（至多包括相应的思想观念），既然是人的行动，就有可能会出错，所谓动辄得咎。而庄子这边的一些概念，不管是承老子而来还是自创，高蹈虚空为多，因此打起嘴炮来，道家比儒家要灵敏得多。

当然，道家对儒家的批判也不完全是口舌之争，而是通过对仁义的批驳，道家宣扬自身的理念和价值观，因此在外篇中，老聃出场的机会就比在内篇中多得多，发表的见解也更加完整而系统。

助孔还是诋孔

前文已经提及，学界一般认为，除了内篇为庄子本人所著，其他诸篇可能是庄周的门生和后学所完成的。如果以内篇为标准，从文章的文风、体例、思想内容综合来看，外篇和杂篇确实不像是庄子本人所著。《庄子》一书究竟成于何时已不可考，不过，据《史记》记载，庄周"著书十余万言，大抵率寓言也"，即表明起码在汉代之前，《庄子》一书已经成形。庄周的学说在当时虽然有影响力，但是没有像其他几位子学大师那般领时代之风气，有一大帮弟子紧随其后帮衬。到了魏晋，世风陡转，玄学兴起，《庄子》大显，于是出现了多种注本，有司马彪的注本（五十二篇），有崔譔的注本（二十七篇），有向秀的注本（二十六篇），最后才有了郭象的定本（参见方勇《庄子学史》第一册）。说郭象的《庄子注》为定本，并非指其他的注本就此消失，起码在唐代还有学者能见到司马彪等的注本，但是后世的学者认为郭象的注本最为靠谱，所以在流传过程中，别的注本就逐渐湮没，只留下些许蛛丝马迹。

从司马迁所记的"十余万言"，到定本的不到七万字，从司马彪的五十二篇到三十三篇，郭象剔除其中的"妄窜奇说"，是下了一番去伪存真的功夫的，不过这内篇、外篇和杂篇分野的保留，还是露出了"妄窜奇说"的端倪。

唐人成玄英在给《庄子》一书作疏时认为："内篇明于理本，外篇语其事迹，杂篇杂明于理事。"这种说法其实是有些勉强的，因为在《庄子》的各篇中，虽有说理和说事的多寡之分，但是基本上每一篇都是既说事又说理的，所以成玄英接着不得不补充道："内篇虽明理本，不无事迹；外篇虽明事迹，甚有妙理。"

笔者认为，从这内篇、外篇和杂篇的区分，能见出道家在其流播和发展过程中对儒学整体态度的阶段性变化，亦可说孔子的形象在庄门那里是渐变的。即在庄子自身所处的年代，儒学气象颇宏阔，趋从者众。所以，庄子借重孔子要多于老子，并没有把其作为对立面来批判。随着战国后期纷争形势的加剧，儒学宣扬仁义四处碰壁，撞南墙而不知回头，这就给批评儒学的人留下了靶子。庄子的后学们于是在外篇中推崇老子的无为，批评仁义的不合时宜，由此老子不断现身，并一而再，再而三地给孔子指点迷津。到了《庄子》的杂篇，情形又有不同，大概儒道之争越发激烈，所以在《盗跖》《渔父》《列御寇》诸篇中，道家直指孔子的伪善。如盗跖面斥孔子："子之道，狂狂汲汲，诈巧虚伪事也，非可以全真也，奚足论哉！"又说："今子修文武之道，掌天下之辩，以教后世，缝衣浅带，矫言伪行，以迷惑天下之主，而欲求富贵焉，盗莫大于子。天下何故不谓子为盗丘，而乃谓我为盗跖？"《列御寇》则通过鲁哀公和颜阖的对话，把孔子描绘成巧言令色、讲空话大话、不能干实事的巧伪之人。至于《渔父》篇，基本是从头挖苦到尾。

总之，猛烈而尖刻的、某种意义上带有人身攻击意味的文章均集中在《庄子》的杂篇，不能不令人起疑，所以尽管郭象下了一番去伪存真的功夫，后人还是觉得，这杂篇中的许多篇章是有问题的。如宋人苏东坡认为，杂篇中的《盗跖》《渔父》《让王》《说剑》显然不是庄子所作，因为内容倾向上跟内篇完全不同，内篇是助孔的，而《盗跖》《渔父》则是诋孔的。至于《让王》和《说剑》则"浅陋不入于道"，也不像是庄子作品。还有一些篇什是将别处的作品，如列子中的作品混入《庄子》的。这样一来，苏轼几乎否定了一半以上的杂篇。

其实，郭象不至于不清楚杂篇的内容和内篇相抵触，或者《庄子》中各篇非一人手笔。任何人只要读过《庄子》末尾的《天下》篇，就清楚此篇非庄周所著，而是庄子的后学对此前那个时代各种学术流派的概括性梳理。郭象在编撰《庄子》一书时，可能只是将内容重复的，或者过分粗糙的文字删去，他一心想弘扬庄子的学说，并非想对庄子和非庄子作出区分。毕竟几百年过去，先秦的"古文"几经转抄，成为汉代以后的"今文"，没有人具备某种特殊技能和相应的自信，可以将庄周本人和他的弟子的文本严格区分开来，郭象亦然。只要认可《庄子》一书中的一些篇什为后学所著，那么就无所谓"伪作"，只能说先贤和后学的时代背景不一样，观念有了变化。

不过，由内篇的所谓"助孔"到外篇的批评儒学的仁义观念不合时宜，再到直刺孔子，这里应该有个时间跨度，在这段时间里儒道之间应该是有过许多思想交锋的，只是当大量的历史文献消失，历史语境无法还原时，后人读《庄子》全文，会有许多困惑和不解。即当我们将不同时期的文献作为同一时代的作品来读解，将历史过程扁平化，就会产生错误的印象：从外篇的温和的批评，到杂篇的严厉尖刺和无端攻击，只在一念之间，或者《庄子》的文章前后矛盾，其中必有蹊跷，必有伪作，再或者演绎出庄子学中孔子的几副面孔，等等。其实，我们如果想象：《庄子》一书是在庄周本人去世后的几十年间由其门生和后学逐渐添加、汇编而成，而后学在与儒家的辩驳中，互相抬高嗓门，于是就有了外篇，继而唇枪舌剑，你来我往又有了杂篇。一切就顺理成章了。

荀子惹怒了道家吗

春秋战国是百家争鸣的时代，其实真正称得上百家争鸣的好时候也没有多少年头。春秋时期诸侯众多，每个国家的国力相对弱小，养士都有困难，到战国中后期，强国才有实力网罗人才，有了人才的聚拢，才有思想和学术的交锋和争鸣。稷下学宫的出现像是一个神话，据说："宣王喜文学游说之士，自如邹衍、淳于髡、田骈、接予、慎到、环渊之徒七十六人，皆赐列第，为上大夫，不治而议论。是以齐稷下学士复盛。"（《史记·田敬仲完世家》）所谓争鸣，各自著书立说发表见解是一种方式，更多的情况是面对面的交流、讨论和争辩，那时候书写工具十分古老，书于竹帛十分麻烦，所以大量的议论和争论不可能都形诸笔墨，由此我们不妨猜想，孔孟的徒子徒孙和庄子的门生频繁过招，后人看到的文献只是反映那时争论情状的百分之一或千分之一。例如，儒门的荀子批评庄子"蔽于天而不知人"，必然会受到庄门的反击，后生可畏，他们直接对儒家的祖师爷孔子鸣鼓而攻之，也许就抛出了《盗跖》《渔父》《列御寇》等篇什，顾不得自己的师父、师爷曾经如此敬重过孔子。

笔者如此揣测,是因为庄子一书的末篇《天下》篇,该篇乃是庄子的后学所为,对包括儒家在内的各家学说的评点是颇中肯的,故章太炎先生论诸子流别,首推此篇。我们也可认为这是中国历史上最早的一篇微型学术史概论,它评述了十二三位在学界很有影响力的前辈,即便有所批评,也口气雅驯。与此相反的是荀子的《非十二子》,一口气"喷"了十二位大人物,其中提及的墨翟、宋钘、田骈、慎到、惠施等和《庄子·天下》篇是重合的,不过荀子的批评显然要比《天下》篇严厉得多,因为他只有"非"而没有"是",笔锋所向,横扫天下。可想而知,一定会激起各种反对的声浪。荀子倒是没有门户之见,他连子思和孟子都批评,所以批评道家和墨家等更不在话下。不过,由此一定会招来各家对儒学的反批评,有些就可能汇入了《庄子》的杂篇。要说也是,当初庄子一门对儒家的先辈是充满敬意的,称"于诗书礼乐者,邹鲁之士、搢绅先生多能明之",可谓褒扬有加,连两千年之后的章太炎也看不下去,认为《天下》篇在此处"不加批判",有点说不过去。由此推想,不一定是庄子后学率先攻击和诋排儒学,他们可能是为了反击儒门对道家学说或其他学说的严厉批评,才创造了渔父和盗跖等彪悍的人物形象。

其时,人们对儒家善意的批评,就是指他们不合时宜,身在战国而奉行周礼,身在乱世而推行仁政。对儒家的人身攻击,那就是"伪巧"。《庄子》的外篇和杂篇是在一种相对自由的氛围中，对以上两种情绪和批评的综合反映，所以《庄子》中与孔子相关的内容实在不能看成类似《孟子》《荀子》一类的个人著述，它是一部反映战国中后期，庄子及其门生对儒学前后态度变化的文献。在其中，读者既能体悟到庄子对孔子的敬仰和所寄托的精神，也能窥见庄门后学对儒学的批判和嘲弄，当然更能领略到两千年前百家争鸣的宏大气象。

荀子与孟子

荀子与孟子同为儒门巨子，但是荀子学说的命运和孟子截然不同。孟子高举仁义大旗，为儒门所推崇，荀子则王霸并重，且倡导性恶，颇受非议。历史上对荀学的评价有若干次变化。谭嗣同在《仁学》中狠批荀学自有其历史背景。

不受秦王待见

对荀子感兴趣是因为谭嗣同在《仁学》中的一段话:"二千年来之政,秦政也,皆大盗也;二千年来之学,荀学也,皆乡愿也。惟大盗利用乡愿,惟乡愿工媚大盗。"当时思虑,这荀学既然有这么大影响,为何二十年后五四运动兴起时,震天响的口号是"打倒孔家店",完全没有荀子什么事?显然在五四一代人看来,专制文化的总代表是孔子所代表的儒学,而不是荀子,荀子或荀学至多是孔家店之下的"分店"。

不过,谭嗣同也并非信口而来,中国古代的专制集权思想,从理论上找根源,是可以追溯到荀子的,因为在他的学说中有"总方略,齐言行""一天下"之类的理念,还有对与这些理念相应的一些方略方法的阐述,更关键的是荀子的两位学生厉害。韩非和李斯,是他们从思想上和具体的操作手段上,加固了秦代的专制统治。所以若要追究秦政两千年,荀子多少是有点干系的。不过,这种干系仅仅是思想理论上的联系,并非直接因果关系。更何况荀子作为儒家的代表人物,其治国理念是主张施行儒家"仁政"的。

如果荀子多活一二十年,活到"六王毕,四海一"的年代,并亲见秦的暴政,他肯定是一位不合作者,说不定焚书坑儒的名单里头一位就是他的书了。这么说也不是毫无根据,因为按荀子自己的说法，当年他谒见秦昭王时，秦王认为"儒无益于人之国"，对于儒家的一套不感兴趣。而荀子不肯迎合，仍然大讲"法先王，隆礼义"的大道理（《儒效》篇），故不见用。荀子十分反感"苏秦、张仪以邪道说诸侯"，所到之处，坚持自己的符合儒家礼义的强国之道和王霸之论，其主张不讨秦昭王和赵孝成王等喜欢可以想见，他只能回兰陵著书立说。这境遇和孟子有点相似。孟子游说诸侯不见用，回老家"与万章之徒序《诗》《书》，述仲尼之意，作《孟子》七篇"。故司马迁在写《史记》时，将孟子和荀子合到一起，有《孟子荀卿列传》，当然这列传里共提及有名有姓的学者十多位，让孟子和荀子来领衔。

　　荀子的著述、言论放到今天看，或许可以归到以下诸多领域，如哲学、文学、政治学、教育学、社会学、管理学等，在广博程度上肯定是超越同时代的许多思想家，且思虑缜密周详，论述问题既系统又透彻，或可说在他那个年代，无出其右者。不过他的思想和著述并没有得到广泛传播和弘扬，即并不如谭嗣同所说，荀子的思想绵延两千年。因为在董仲舒提出"罢黜百家，独尊儒术"之后，包括荀子在内的诸子百家就一路走低，尽管后来刘向著录校对，并整理编定了"荀卿新书三十二篇"，大力褒扬其学说，甚至拉了一杆大旗，用"董仲舒亦大儒，作书美孙卿"来称誉他，但仍然未能扭转局面。到了唐代，荀学几近湮灭。中唐时杨倞为《荀子》一书作注时，荀子的著作已经七零八落，"编简烂脱，传写谬误"，甚至到了

"文义不通"的地步。于是又经杨倞一番考订和"敷寻义理""博求诸书",才有了今人所见的版本。

当然,杨倞在其《荀子序》中说"荀氏之书千载而未光焉"略有夸张,因为从刘向到杨倞,相隔似不到九百年,何况刘向之后,荀学仍有余波。但是谭嗣同的"二千年来之学,荀学也",其立论也大有问题,毕竟荀学从汉到唐沉寂了七八百年。

荀子也批孟子

司马迁作传,把孟子和荀子合在一起,不仅是因为他们境遇相似,也因为孟子和荀子是孔门中的前后两位大儒,可等量齐观。刘向曾认为,在战国百家争鸣的环境中,诸子"皆不循孔氏之术,唯孟轲、孙卿为能尊仲尼"。这一说法似比较中肯,得到了历代学人的认可。

既然同在儒门中,就应该共同维护儒门的尊严。不过,荀子自己不这么认为,他有西哲"吾爱吾师,吾更爱真理"的劲头,不仅四处出击,还直接挑战孟子的学术地位。孟子虽然不是荀子的老师,但他毕竟身为荀子的前辈,又是子思门人的学生。不过,这些名分全不在荀子眼里。荀子在其《非十二子》篇中,一口气横扫了道家、名家、墨家诸家大腕儿,也包括子思和孟子。荀子批评子思和孟子"材剧志大,闻见杂博。案往旧造说,谓之五行",且"案饰其辞而祗敬之曰'此真先君子之言也'"。用现在的话来说,就是他俩自恃才大志满、见识广博,另造一番学说,又善于修饰,并把此说说成先师孔子的学说,以混淆视听。

荀子在批评其他诸子时,都是针对他们的思想和理念而言,如"纵性情,安恣睢",如"好治怪说,玩琦辞",如"尚法而无法,下修而好作",等等。但是唯独在批评子思和孟子时,指责他们把自己的学说伪装成孔子之说,翻译成今天坊间的说法,就是他们搞了孔子学说的山寨版。荀子没有举具体例证,说实话,他没有也不可能有实锤的证据,毕竟年代相隔,地域相异。再说,孟子养浩然之气,堂堂正正写作,虽然是弘扬儒学,但似无必要把自己的见解说成完全是祖师爷的。

以现有文本看,荀子的批评显然是针对子思的。子思作为孔子的孙子,难免常常会提起当年俺爷爷是如何如何教诲的。相传《中庸》为子思所作,在此篇中,子思一口一个"子曰",一连十几个,可能让荀子很不爽。朱熹在《中庸章句》中说道:"此篇乃孔门传授心法,子思恐其久而差也,故笔之于书,以授孟子。"荀子一心弘扬儒学,如果说《中庸》是儒家独门心法,只单传孟子,那么其他人的种种阐发岂不就统统成了旁门左道?所以子思口口声声的"子曰",是不是真"子曰",并不重要,重要的是谁也不能垄断儒学的话语权。再说,依据逻辑、经验和识见判断,荀子坚信,被转述的孔子不是孔子。当一个人在陈述另一个人的见解时,必然会加进自己的理解和体悟，同时也必然会产生偏差，无人能免，子思和孟子也不例外。

不过，荀子也不是想替儒门中的其他学派打抱不平，他眼空千古，既然十二子不入他的法眼，儒家的其他门派也没有他瞧得上的。诸如子张氏、子夏氏、子游氏等，他一律鄙之为"贱儒"。他想单挑的还就是孟子。孟子气象雄阔，其辩才滔滔不绝如长江大河，是一个有分量的对手。

性恶怼性善

宋人编《三字经》，开篇就言"人之初，性本善"。应该说文明之初，早期思想家们就必定会探讨人性之善恶，待到战国时期，诸子对这一问题已经有比较深入的认识。所以孟子发表了长篇大论说性善，荀子的《性恶》篇则反其道而行之，也许荀子认为，在这个有关人性的最根本问题上批驳孟子，才更有挑战性。

现今，人们很少用本质论的态度来对待这个问题，可能的共识是：人性或者主体性是在现实环境中逐步建构的。其实与孟子同时代的告子（有说告子乃墨子的学生），一上来就说："性犹湍水也，决诸东方则东流，决诸西方则西流，人性之无分于善不善也，犹水之无分于东西也。"这就是人之初性本无的意思。告子如活在今天，肯定是属于建构派。不过孟子辩才了得，他也以水为例，指出水无分东西，难道也无分高下吗？水往低处流,就好比人性向善。孟子没有学过牛顿力学和不了解地心引力也就罢了,但是为何在"人性之善"与"水之就下也"间画上等号?如果性恶论者提出"人性之恶,犹水之就下也",如何反驳?俗话说,"从善如登,从恶如崩",以此形容人性似更加生动贴切。

不过孟子最有说服力的地方不是将人性和水性挂钩,而是认为每个人都有恻隐之心、羞恶之心、辞让(恭敬)之心、是非之心,这就是人性善的表现。孟子不仅倡导性善,还把性善论发展为一整套儒家的伦理和处世标准,称它们为仁义礼智的发端,在其《公孙丑》篇中,孟子言:"恻隐之心,仁之端也;羞恶之心,义之端也;辞让之心,礼之端也;是非之心,智之端也。人之有是四端也,犹其有四体也。"为了进一步推广其性善论,孟子还把它运用到治国的理念中,认为主政者不必太精明强干,不必博闻多识,只要"好善"就行。因为"好善优于天下","夫苟好善,则四海之内,皆将轻千里而来告之以善";苟不好善,则会"距人于千里之外",反倒是"谗谄面谀之人至矣",其结果可想而知。

在战国这样一个率兽食人的年代,孟子将善和仁义引入,用意在于收拾人心,有知其不可为而为之的勇气。但是于兼并杀伐如此凶险的情形下,没有克敌制胜或化干戈为玉帛的有效手段,光是倡导仁义和善,实在是远水不解近渴,难怪不受各国诸侯待见。估计连荀子也觉得孟子的理论过于高蹈。其根源就在于对人性缺乏真正深刻的理解。

孟子倡导人性善,荀子揭示人性恶,有点像大学生辩论赛,荀子是抽到了反方。荀子未必没有看到人性善的一面,在其《修身》篇中,一上来就讲:"见善修然,必以自存也;见不善愀然,必以自省也。"就预设了人性向善的一面。但是既然正方被孟夫子占据,所以荀子也就专心作驳论。从现有《荀子》的三十二篇看,这位当年稷下学宫的祭酒是什么题目都能应对,而且什么题目到他笔下,他都能论证得头头是道,完成得十分出色。

《荀子·性恶》一开篇就是:"人之性恶,其善者,伪也。"这个"伪"不是今天意义上的虚伪,而是人为的意思,指非天性如此。文章指出:"今人之性,生而有好利焉,顺是,故争夺生而辞让亡焉;生而有疾恶焉,顺是,故残贼生而忠信亡焉;生而有耳目之欲、有好声色焉,顺是,故淫乱生而礼义文理亡焉。"接下来荀子一条一条摆明自己的理由,指出孟子的性善论是错误的。大意是由于人性之恶,人类社会才"生礼义而起法度",发明出一整套规范和约束机制。

这里,荀子的敏锐和深刻之处不只是挑明人性中的这些贪婪和自私,荀子的贡献,在于他揭示社会的上层建筑和相应的制度、文化(包括种种礼义习俗)的产生并非仅仅出于仁义方面的追求,而是出于对人的天性或原始欲望的制约。应该说在那个时代,还未曾有人从这样一个角度来切入问题,说荀子独具慧眼、洞见深刻均不为过。因为荀子探索的是人类欲望与社会文化及制度建立之间的关系问题，而不仅仅是人性之本质问题。所以荀子在其观点的展开过程中并不针对孟子的具体论述来反驳，而是只针对"人之性善"这样一个抽象的观点，展开自己的一二三四的陈述。也许其时持孟子性善论立场的人不在少数，性善是一种比较流行的观念，所以荀子很有可能是以孟子为标靶，实际上在向各路豪杰亮明自己不同凡响的见解。

回过头来说，以孟子的饱读诗书和阅历，又处于战国这样一个合纵连横的战乱年代，他不可能对人性之恶视而不见，比如他认为一般人在"饱食、暖衣、逸居而无教"的情形下，举止往往"近于禽兽"（《滕文公》篇）。这似表明他对人的天性并没有那么信任。孟子是从收拾人心的立场出发，高举仁义大旗，并把人性善纳入其中，以完善他的儒家伦理。对于人性善的论述，孟子基本局限于具体行为的辨析上（如在祭祀仪式上是先敬兄长，还是先敬年长的乡里人等），并认为虽然人性本善，但是"求则得之，舍则失之"，善是需要不断维护的，就如山野间的草木，需要日夜养息才能茂盛。

至于荀子，从他的《劝学》《修身》《不苟》《荣辱》诸篇中，可以见出其劝人努力向善的一整套主张，这和苏格拉底的"美德即知识"或"知识即美德"有某种相通之处。他的性恶论虽然是讨论人的本质，实际上背后有现代文化功能主义和社会功能主义的某些基本思想。当然，荀子将社会的礼义、法度以及种种教化，只归于个别圣人或圣王"化性而起伪"的设计，而忽视长期的社会实践和人际互动，这似乎是儒家的精英政治理念的体现。

法先王、法后王

无论司马迁、刘向等如何将孟、荀并举，只要读过他们的文本，就会发现这两位大儒不仅在对许多问题的观点和理念上相左，而且，在个人气质、思维方式和写作风格上也迥异。孟子的行文恣肆如汪洋，雄辩如山，而且各种譬喻妙出，气象博大。荀子则思路缜密，说理清晰，层层推进，且文采斐然。他的《劝学》篇相对通俗易懂，是中学生必须背诵的功课。其他诸篇也可以说是现今策论和论说文的范本，即便放在眼下，无论是考公务员还是应对作文大赛，均可凭之夺魁。

且看他所关注的话题，光是篇目就让人一目了然：《富国》《议兵》《强国》《君道》《臣道》等，好像都是为庙堂而备，用当下时髦的说法，环环紧扣国家治理问题。至于他的《君道》也罢，《臣道》也罢，说的是"道"，其实是偏向于"术"的，这就与法家"法""术""势"的核心理念有了关联，所以后人也把荀子奉为法家的代表人物。当然荀子的"术"听起来还是比较正的，他不屑于苏秦、张仪的佞媚变诈之术。故他提出为人君者要做到"以礼分施，均遍而不偏"；为人臣者要"以礼待君，忠顺而不懈"。荀子认为好的君王善于用人，而昏聩的君王只是急于得到权势，这样一来，二者自然就分出了高下和优劣："急得其人，则身佚而国治，功大而名美，上可以王，下可以霸；不急得其人而急得其执（势），则身劳而国乱，功废而名辱，社稷必危。"（《君道》篇）

说到臣道，荀子的心思更加绵密入微，因为君王有圣明、平庸和暴虐之区分，所以作为臣子，也要相机行事，面对不一样的君主要有不同的应对方法。如"恭敬而逊，听从而敏，不敢有以私决择也，不敢有以私取与也，以顺上为志"，那是用来事圣君的；而"忠信而不谀，谏争而不谄，挢然刚折，端志而无倾侧之心，是案曰是，非案曰非"是用来侍奉才能一般的君主的；至于"调而不流，柔而不屈，宽容而不乱，晓然以至道而无不调和也"则是用来应对暴君的。

相比较荀子的缜密之论，再读孟子，会觉得孟子过于高谈阔论。如梁惠王问政于孟子，此时魏国东败于齐，西丧地于秦，国势颓败，急求治国良方。孟子则高谈仁政，有理念有原则而无长策，难怪司马迁对孟子的评价是"迂远而阔于事情"。同样的场合，如果换了荀子，情形就会不同。荀子既能说王道，也能说霸道，所谓"义立而王，信立而霸，权谋立而亡"。意思是要么行仁义而成为王者，退一步，讲信用尚可在群雄中称霸。万万不能玩弄权谋，搞到亡国。另外，可能是时代的原因，毕竟到了战国晚期，荀子显然比孟子会变通。他认为如果实在学不了尧舜禹汤和文武周公的王道，也可学学齐桓公、晋文公等五伯的霸道。即"德虽未至也，义虽未济也，然而天下之理略奏矣，刑赏已诺，信乎天下矣，臣下晓然皆知其可要也。政令已陈，虽睹利败不欺其民；约结已定，虽睹利败不欺其与。如是则兵劲城固，敌国畏之"（《王霸》篇）。那意思是，尽管在德行和仁义上尚有欠缺，但只要对自己国民和周边的盟友守信用，按已有法度推进，也不失为一条强国之路。

后世的学界有一种看法，认为孟子等先儒是"法先王"的，而荀子则"法后王"。因为荀子在一些篇章中王霸杂用，或者说王霸通吃。行霸道，其实就是"法后王"。这里必须对上述两个概念有简单的交代，"法先王"，就是指效法古代的圣王，从荀子的文中看，先王即指尧舜禹汤。"法后王"的概念有点模糊。从年代上说，荀子活在周代，所以周代以前称先朝，周代以来诸天子均可以看成后王，故近代学者的看法有分歧，有人认为这后王可能是指文王和武王，也有学者认为是指周代的守成君主，如成康二王，也有人认为后王即孔子（因为孔子乃素王）。但是从荀子的《王霸》篇看，这后王更像是春秋五霸。

其实，在荀子的思想中，先王和后王更可能不是具体的某某君王，而是某种原则和治国理念的代表。先王代表治国的理想原则，而后王代表治国的实用方略。例如在《儒效》篇中，荀子将自己观察和接触到的人作了分类，有俗人、俗儒、雅儒、大儒四类。其中，俗人者"不学问，无正义，以富利为隆"，所以他一笔带过。其余的三类儒者则在法先王与法后王之间，形成比较有趣的循环。首先是俗儒，这类人是"略法先王"的，但是"缪学杂举，不知法后王而一制度，不知隆礼义而杀《诗》《书》"，这是说俗儒虽然知道法先王，但是不能根据现实情况变通，只知尊奉传统文化而有点泥古不化的意思，并且不知道建立制度的重要性；雅儒则能做到"法后王，一制度，隆礼义而杀《诗》《书》"，雅儒相信制度的功能，不怎么强调传统，他们的缺陷是"闻见之所未至，则知不能类也"，即不能举一反三，触类旁通，只能就现实而论现实；待到真正的大儒出现，又能"法先王，统礼义，一制度"，又能"以浅持博，以古持今，以一持万"，即他们能融汇古今，将先王的理想和现实情况综合考量，将传统和当下法度相统一。大儒是不必法后王的，或许他们本身就是后王的化身。

作为儒家传人，荀子是法先王的，但是迫于战国纷乱的实际情状，荀子同时也主张法后王，所谓"粹而王，驳而霸，无一焉而亡"。纯粹而理想的状态虽然诱人，但似很难达成，假如能行霸道，虽是次一等的选项，总比两者都不济而亡国强。

荀子的一系列主张虽然比孟子来得实用，然而也不为诸侯所用，在弱肉强食、成王败寇的年代，他的王霸论还是显得高蹈了些。荀子不屑于权谋和诈术，但是他的学生李斯没有那么多羁绊，只要能够助秦王称霸，什么手段都不在话下。

王道与霸道

虽然在汉初,孟子和荀子是并驾齐驱的儒门巨子,但是在漫长的岁月中,孟子和荀子在儒学中的地位显然不可同日而语,这里既有"汉氏亦尝立博士,传习不绝,故今之君子多好其书"的因素,也有韩愈、二程和朱熹等大力标举的缘故,据说到了元代,孟子就有了亚圣的地位。

孟子的学说纯正而有理想色彩,荀子的学说广博谨严而绵密推进,各有所长,但是儒学后人更青睐孟子。在人格和气质上,孟子更接近孔子。孟子重道,荀子则偏于"术"。孟子有孔子"君子不器"的气概,始终高举仁义大旗,在人格上更加纯粹。所以,韩愈对比道,"孟氏醇乎醇者也",荀子则"大醇而小疵",并且进一步夸张地说道:"然赖其言,而今学者尚知宗孔氏、崇仁义、贵王贱霸而已。"又说:"然向无孟氏,则皆服左衽而言侏离矣(大意是指穿外族的衣服,说外邦的语言)。故愈尝推尊孟氏,以为功不在禹下者。"到了宋代,程颐更是依据倡导性善还是性恶下判读,说"孟子有大功于世,以其言性善也",而荀子"只一句'性恶',大本已失"。(朱熹《孟子序说》)

或可说,荀子更像是治世之能臣,套用现在的概念,是一位有才干的"有机知识分子",有一整套治理国家和社会的理念。从对待春秋五霸的态度上,也能见出端倪。刘向称:"孟子、孙卿、董先生（董仲舒）皆小五伯，以为仲尼之门，五尺童子皆羞称五伯。"这里刘向的述说有部分偏差。孟子确实严厉地批评过五霸，顺带还批评了各路诸侯，认为"五霸者，三王之罪人也；今之诸侯，五霸之罪人也；今之大夫，今之诸侯之罪人也"（《告子章句下》）。但是荀子对五霸的态度就比较复杂。他手头有两把尺子：一把是道义的尺子，认为五霸是以诈取胜，假仁假义，乃"小人之杰也"；另一把尺子则是成功学的尺子，成王败寇的尺子，认为像齐桓公这样的成功者有"天下之大节""天下之大智""天下之大决"的大本领。所以荀子说的"仲尼之门，五尺之童子言羞称五伯"是不包括自己的，因为荀子自己并不讳言五霸，在《王霸》等诸篇中，还屡屡提及五霸。严格意义上讲，这第一把尺子不是荀子的尺子，只是因为手无缚鸡之力的读书人都人手一把，荀子也不得不依从一众舆论，拿来一用。这第二把尺子也不是荀子独有，例如，荀子所不齿的苏秦、张仪其实也是以成败论英雄的。如果说荀子有什么独到之处，那就是既讲王道，也讲霸道，倘若让荀子当国，十有八九他一方面仰慕王道，另一边践行霸道。在荀子的概念中，霸道是王道之后的第二选项，行霸道也要讲信用，不等于厚黑学。

但是后来的情形是，王霸并用的局面从来就没出现过，在两千年专制集权的制度下，倒是逐步形成了阳儒阴法或儒外法内的统治格局，即统治者口头所宣扬的仁义道德和他们实际上的作为，如盘剥和镇压治下百姓，互为表里。所以，很能理解谭嗣同将此种情形追溯到荀子，并把荀学作为批判的靶子，且称之为"乡愿"，即道德上的伪善和欺骗。二十年以后，鲁迅在《狂人日记》中说道：歪歪斜斜的每页上都写着"仁义道德"的历史，在字缝间都有着"吃人"两字。这可以看成这一批判的延续。

"绌荀申孟"原委

谭嗣同的《仁学》既是一部学术著述，也是一份政治宣言。

作为一部学术著作，谭嗣同以孔子所倡导的"仁"为立论的基点，将儒家的这一政治伦理发展成为世界的本原，提出："仁为天地万物之源，故唯心，故唯识。"而同时又将当时西方的物理学概念"以太"纳入进来，认为"仁以通为第一义"，而以太则是"通之具"（即物质和器具）。这样看来，谭嗣同似乎是位二元论者。另外，这"仁学"不仅打通心和物，而且范围几无所不包："凡为仁学者，于佛书当通《华严》及心宗、相宗之书；于西书当通《新约》及算学、格致、社会学之书；于中国书当通《易》《春秋公羊传》《论语》《礼记》《孟子》《庄子》《墨子》《史记》及陶渊明、周茂叔、张横渠、陆子静、王阳明、王船山、黄梨洲之书。"

由于谭嗣同的仁学过于博大庞杂，所以当初章太炎称"余怪其杂糅，不甚许也"。然而，《仁学》尽管内容驳杂，但是目标清晰，那就是倡导平等。既然"仁以通为第一义"，那么什么是"通"呢？作者说道，"通之象为平等"（即通表现为平等），又说，"通则必尊灵魂，平等则体魄可为灵魂"。在谭嗣同《仁学界说二十七界》短文中，有近二十处提及平等。可见作者从儒家伦理出发，融合了古今中外各种学说和科技成果，最后还是回到了现代政治伦理之上，真可谓大仁大义！因此倡导平等可以作为谭嗣同《仁学》的政治宣言看。

从其仁学理念出发，谭嗣同要冲决一切网罗，即专制制度的网罗及与此相应的旧思想旧文化和纲常伦理的网罗。作者将荀学作为"二千年来之学"的代表，不得不说有某种偶然性。因为其时，一千多年来不温不火的荀学突然走红。按照梁启超的说法，"荀子与孟子同为儒家两大师，唐以前率皆并称。至宋儒，将《孟子》提升为经，而《荀子》以'异端'见斥。其书黤昧了七八百年了。乾隆间汪容甫著《荀卿子通论》《荀卿子年表》，于是荀子书复活，渐成为清代显学"（《中国近三百年学术史》）。也就是说，在相当一段时期内，荀子的影响力寥寥，只是到了清中期之后学界才重视荀学。据梁启超统计，《荀子》旧注只有唐代杨倞一家，但是自汪容甫（即汪中）以来，"计对于此书下工夫整理的凡十五家"。而谭嗣同等正处于荀学复活的包围之中，连同时代人章太炎居然也称"时余所操儒术，以孙卿为宗"，可见荀学上升的势头，即所形成的某种氛围。

所以，谭嗣同冲决一切网罗，首当其冲的是荀学，其批判的根本点落在"荀乃乘间冒孔之名，以败孔之道。曰'法后王，尊君统'以倾孔学也"。除了冒名，接着又认为荀子篡改了孔子思想："方孔之初立教也，黜古学，改今制，废君统，倡民主，变不平等为平等，亦汲汲然勤矣。岂谓为荀学者乃尽亡其精意而泥其粗迹，反授君主以莫大无限之权，使得挟持一孔教以制天下。"这最后两句话的所指十分明确：一是建立秦制，二是汉武时期的罢黜百家，独尊儒术。但是这为何是荀学的罪过？任何一种思想或学说成为大一统思想，不是思想本身的罪过，而是某种体制凝固的产物，是体制、权谋以及共同形成的大势头所致。或可说在漫漫长路中，大部分时段是制度决定理念、生产理念，而不是理念倒过来决定制度、生产制度。只有在某些紧要关口和历史的歧路，才可能是关键人物的理念决定了历史的新走向。

另外，平心而论，无论从前文提及的杨倞的《荀子序》看，还是梁启超所言，荀学直到清代才成为显学，"二千年来之学，荀学也"，难以成立。倘若谭嗣同活在清代前期，断不能得出上述结论。故而在民初，梁启超发现了自己的偏颇，也逐渐转变了学术立场，对荀子的思想和学说有了相对公允和中肯的评价，并认为是荀子扩充和发展了儒学。（其实，当初批判荀学并非谭嗣同一人主张。梁启超、夏曾佑等人，也共同参与了这场"绌荀申孟"的讨伐。谭嗣同在写作《仁学》的一两年间，也与梁启超相与往还,商讨切磋。)

　　梁启超在后来的讲学中,对荀子益发肯定,并认荀子为儒家知识论的代表。他评价道,在战国末年,由于儒家和道家的流弊日深,"荀卿这派,不得不出头提倡改革了"。又说:荀子的"《解蔽》《正名》诸篇,所讨论都是知识的问题。譬如论理的凭借是什么,知识的来源是什么,这类问题,孔孟时所不注重,到了荀子,就不能不注重了。这是荀子受墨家的影响,而创为儒家的知识论"。当然最有意思的是,梁启超还把《荀子》诸篇作为读书示例,引导年轻学子精读古代的若干典籍,并以《解蔽》的句读为具体范例。

　　荀子出生晚于孟子大约六十年,如果在专制的环境中,六十年可能只等于一日,然而在百家争鸣的氛围中,情形就不一样了,何况荀子又是处于各种思想交锋中心的稷下学宫,其学术视野和所涉猎的知识范围自然比孟子更为宽广,这也是近代以来《荀子》颇受学界关注的根本原因罢。

韩非说老

老子思想玄妙难识,就目前文献看,韩非最早对《道德经》作了阐释,他的《解老》篇似第一次普及了老子"上德不德,是以有德"这类辩证对立句法的解读。韩非亦以权谋之术来读解老子,从"天地不仁以万物为刍狗"到君王不仁以万民为刍狗,法家与老学似有某种隐秘的联系。

在《韩非子》一书五十五篇中有《解老》《喻老》篇，这个"老"就是指老子。

先秦流传下来的各种文献典籍由于几经转抄，讹误难免，再加之版本众多，内容芜杂，其中还有今古文之争等，似乎没有哪一部著述能确保是真身嫡传，所以往往有学者质疑某些篇章的真伪，这《解老》《喻老》也属于此种情况。学界有人认为可能是后人所作掺杂到其中的，因为这两篇的内容与《韩非子》其他诸篇的思想体系不合。然而以思想内容的系统性来辨识，虽有一定的道理，但是理由并不充分。因为没有将作者的思想立场转变考虑在内，特别是在战国百家争鸣的年代，各种思潮学说大碰撞，学人和思想家的观念前后会有很大的变化和发展。思想和观念的进展有其自身的逻辑，不能用是否有系统性和前后接洽来衡量。另外，韩非在其他一些篇章（如《内储说下·六微》）中也引述老子，感觉在口吻上和《解老》《喻老》没有明显的差别，所以更不能贸然判定《解老》《喻老》为伪作。

这《解老》和《喻老》之所以与《韩非子》其他的篇章风格不同，很可能是因为这是韩非给自己的学生和追随者讲解老子的讲课笔记。《老子》太玄妙，领悟起来有困难，连司马迁也觉得《老子》深远莫测，"微妙难识"，所以需要读解。韩非讲得很细，很琐碎，有的句子被掰开来讲，有些地方甚至重复，难怪有点像讲义。尽管从《史记》看，韩非似没有讲学课徒的经历。然而，韩非才华盖世，声名卓著，连秦皇都感叹："嗟乎，寡人得见此人与之游，死不恨矣！"可以想见，那时他的粉丝绝不在少数。若国内外的"韩粉"聚集在一起，备齐束脩，恭请韩非来授课，又不需要走出国批准的程序，在当时应该是很风雅的事情。而韩非虽然文采斐然，笔落惊风雨，但遗憾的是患有口吃，所以讲课笔记一定会准备得比较细致扎实，完全可以当文章看。

今人读《老子》，除个别几处外，似不觉特别深奥，那是因为站在前人的肩膀上。许多人皓首穷经，细加考订辨析，甚至为了句读断在哪儿吵得不可开交，研究者又从各个角度来加以阐释和补充，为后人的读解做了充分的铺垫，尽管其中以意逆志的成分可能不少，但并不显得勉强。在韩非的时代，情形就完全不一样，估计那时《老子》的各种抄本并行于世，但无人作解，大约是"诗家总爱西昆好，独恨无人作郑笺"的局面，九流十家忙于争鸣，岂肯为他人作嫁衣裳。其时玄学大师、少年天才王弼尚未降世，故无《老子》注本和《老子指略》来指点门径，所以讲解《老子》本身就是一门了不起的大学问。聪颖如韩非，有时也不免搞错。

《解老》很特别

后人奇怪，为何韩非的《解老》篇，一上来就讲解老子的

第三十八章"上德不德，是以有德"，一种解释是韩非只重视《老子》的下篇，对其中的人生哲学和政治哲学感兴趣，而对"道可道非常道"起始的宇宙本体论思想不感冒。其实不然，以长沙马王堆三号汉墓出土的《老子》帛书看，其开篇第一句话就是"上德不德"。该帛书分上、下两篇，上篇为《德经》，下篇为《道经》，与后世通行的《道经》在前《德经》靠后，以及以八十一章划分的版本面目不同。这后世通行本是王弼编定的，很难说它是出自家传秘籍珍本，还是这位少年英才得获天启，辑录、校勘、编排，全部一人搞定，赋予《老子》以新面孔。总之韩非的《解老》是规规矩矩，从《德经》开头讲起的。

"上德不德，是以有德"是《老子》全文的第一节，原文不过一百三十余字，共二十来句话，韩非基本对每一句都做了详尽的解释，足足用了一千三百来字的篇幅，可见其用力甚猛。他一上来就把"德"和"得"分开，所谓"德者，内也；得者，外也"，即认为"得"是指外在的获取，而"德"是内在的圆满和完善。内心的圆满和充盈不轻易显现在表面，所以有得实际上就是有德。当然，这里所说的"德"主要是指顺应自然、明哲保身，和我们今天所说的道德高尚、勇于牺牲，是有区别的（也可能后来道家的养身哲学就是从这"德"上延续下来的）。用韩非的话来说就是"'上德不德'言其神不淫于外也。神不淫于外则身全，身全之谓德"。接下来，"上德无为而无不为也""上仁为之而无以为也"。以这一思路来领悟，"德"的内涵问题似乎也迎刃而解了，那就是不为而为之，"非求其报也"，一切顺其自然。

现今读者很容易在各类读本和网络上找到有关《老子》的简明贴切的解释，并对《老子》这类相反相成的句子很可意会，甚至有点无师自通，如对"知者不言，言者不知""信言不美，美言不信""善者不辩，辩者不善""知者不博，博者不知"等，均可举一反三。但是就目前的文献来看，或许是韩非第一个普及了对《老子》这类辩证对立句法的解读。再譬如今本《老子》第四十六章有"天下有道，却走马以粪。天下无道，戎马生于郊"。乍看之下有点发懵，天道的好坏竟然与牲口有密切的关联？其实这里是转了好几道弯，内含着若干层意思，经韩非一解，立马释然。首先是从天下有道转到君主有道上，即"有道之君，外无怨仇于邻敌，而内有德泽于人民"，所以化干戈为玉帛，马匹不必用于战争而可以来耕田，则"积力于田畴，必且粪灌"。如果天下无道，战争连连，战马稀缺，那么连怀孕的马匹也要参战。所以韩非说道："兵数起，则士卒尽。畜生少，则戎马乏；……戎马乏，则将马出。""将马"在这里就是指怀孕的马。后世各种注本虽然各有千秋，但大抵也是这么来读解《老子》的。

《解老》是《韩非子》五十五篇中少有的长篇，大致有七千字，其中数十处引用《老子》的话，并作出了详尽的解释。按现在的通行本，韩非先后讲解了《老子》的第三十八、第五十八、第五十九、第六十、第四十六、第十四、第一、第

五十、第六十七、第五十三、第五十四章。然而老子的学说实在太玄妙，没有多少人能够读通。那时既没有什么老子思想研究院，也未有老子论坛，供各地的研究者相聚切磋，所以韩非也免不了出差错，有的地方还错得离谱。如第五十章"生之徒，十有三；死之徒，十有三；人之生，动之于死地，亦十有三"，按后人（当然首先是王弼）解释，出生的人口中，有十分之三是正常活下来的，有十分之三是死于非命的，还有十分之三的人，本来是可以正常活下来，但是却自蹈死地。然而在《解老》篇中，这"十有三"被解释为人的身体上的"四肢与九窍"，二者的数量加在一起为十三，大谬矣！

　　当然在《解老》篇中还有其他一些讹误。如还是在第一节中，无论是长沙马王堆出土的甲乙本帛书，还是王弼的《老子》校本中，都是"失道而后德，失德而后仁，失仁而后义，失义而后礼"。但是到了韩非这里，每一句的后面都多出一个"失"字，成了"失道而后失德，失德而后失仁，失仁而后失义，失义而后失礼"。不知是韩非依据的版本错误，还是他觉得解释不通，就自己加上了"失"字，使该字成为衍文。之所以判定韩非之"失"是衍文，是因为以老子的思辨逻辑，世间万物往往是相反相成的。正是由于道之不行，才有德兴；而德之丧失，才有仁起；仁之不存，才标举道义；义之偏废，才倡导礼制。这与他的"大道废，有仁义；智慧出，有大伪；六亲不和，有孝慈；国家昏乱，有忠臣"同理。

顶流小说家

　　如果说韩非的《解老》篇像课堂讲义，其主旨在于把神秘难懂的《老子》给众人讲明白，那么《喻老》篇的写法就全然不同。《喻老》在某种意义上也是解老，但不是通过分析和说理来阐释，而是通过大量的寓言和掌故作譬以明理。虽然以逻辑严密的推理和寓言掌故来喻理都是韩非的强项，但是有的研究者认为《喻老》在写作上"粗浅而失去玄旨"，不如《解老》这般"精到之语"迭出，且《喻老》在许多方面误解了《老子》的原意，因此不像是韩非手笔。然而笔者想象，如果在韩非的学生或粉丝中，有些人文化程度相对较低，对枯燥的说理不感冒，为了迁就这些学子，韩非不得不在《解老》之后，再以形象而生动的比喻来作些补充，于是就有了《喻老》篇。

　　以寓言和掌故来喻理，往往生动而有感染力，但有时不免流于肤浅，而且容易产生多义和歧义，不过倒是易于传播和推广。例如成语"三年不飞，一飞冲天""不鸣则已，一鸣惊人"等，最早就出自《喻老》。说的是楚庄王"莅政三年，无令发，无政为也"，近臣右司马跟他聊天，说南方有一种鸟，三年不翅、不飞、不鸣，嘿然无声，是什么鸟？楚庄王回答："三年不翅，将以长羽翼；不飞不鸣，将以观民则。虽无飞，飞必冲天；虽无鸣，鸣必惊人。"又过了半年，楚王开始大刀阔斧处理政事，于是国家大治。讲完这个故事，韩非说道，这就是所谓"大器晚成，大音希声"的含义呀。

　　用如此富于哲理的对话来喻示《老子》，不知是用手头现成的材料呢，还是韩非特地编了这么个有趣且意味深长的故事？总之，韩非是那个时代第一流的段子手，腹中自有故事万千，无论什么言简意赅的思想，他都能敷衍出一个故事，或者说无论什么故事，他都找得到与之匹配的理念。例如，在《老子》帛书本有两句极其晦涩的表述："是以圣人欲不欲，而不贵难得之货；学不学，而复归众人之所过。"为了阐释这两句话，韩非居然演绎出两个故事来。

　　一个故事说宋国有一个乡下人，献给子罕一块璞玉，子罕不受。此人说："此宝也，宜为君子器，不宜为细人用。"但是子罕则回应道："尔以玉为宝，我以不受子玉为宝。"即鄙人欲玉，而子罕不欲玉。这就是所谓"欲不欲，而不贵难得之货"。这第二个故事让人有点惶恐。王寿背着书走在大街上，遇见徐冯，徐冯对他说了一番话，大意是书本上的知识都是以往人的言论，产生于那时的情景，不一定适用于当下，"于是王寿因焚其书而舞之"（这焚书行动比秦始皇还早些）。接下来韩非说道："故知者不以言谈教，而慧者不以藏书箧。"即学那些过时的、没用的知识，是许多人都容易犯的过错。这就是"学不学，复归众人之所过"的意思。

　　以上两句话在王弼的《老子》校本中都没有辑录，可能是他觉得歧义颇多的缘故吧。特别是第二句话"学不学，复归众人之所过"，目前的各种释义很难统一。笔者揣测，以韩非的"不期修古，不法常可"的理念，这"不学"应该是指不被众人关注的法术刑名之学。当然，《老子》的原意高深莫测，因为人们所学的知识有限，而所不学或未学的知识则是无限的，这不学的范围大得很呢。

韩非以三年不飞不鸣来喻示"大器晚成，大音希声"未见贴切；以王寿焚书来阐释"学不学，复归众人之所过"亦可能未必是老子的正解。但是故事有自己的生命，以自身的感染力获取受众，不受作者主观意图的制约。

由于《喻老》是以寓言的方式表达见解和意蕴的，更容易体现韩非自身的偏好，读者能从中窥见韩非以权谋之术来理解老子的倾向，所以故事中也体现了韩非的心思。如在《喻老》篇的末尾，韩非讲了这样一个故事：周文王有珍奇玉版，商纣王让大臣胶鬲去索取，文王不给。纣王又派费仲去要，文王就交给了费仲。原因是："胶鬲贤而费仲无道也。周恶贤者之得志也，故予费仲。"也就是说，周文王希望商纣王不要信任贤良的胶鬲，而重用奸佞的费仲。同时，周文王又把在渭水边垂钓的姜太公，当老师一般恭敬地请过来辅佐他。韩非讲这个故事是通过对比，希望人们能体会老子所说的"不贵其师，不爱其资，虽智大迷，是谓要妙"的含义，这就有点隔了。以一些老学研究者的解释，上面这段话可以解释为：不尊重老师，不珍惜借镜，自以为聪明，其实是大迷糊，这才是精要深奥的道理。（陈鼓应《老子注译及评介》）而韩非的故事则引领读者走上权谋机心之路，可能有背老子之意。

《喻老》在篇幅上，只有《解老》的一半，所阐释的《老子》的章节，也比《解老》要略少些，但是韩非却一口气讲了十多个故事，像扁鹊见蔡桓公这类故事，脍炙人口，基本是家喻户晓。由此，韩非不仅是法家的代表人物，实在可以算作小说家的代表人物。据班固《汉书·艺文志》的说法："小说家者流，盖出于稗官；街谈巷语，道听涂说者之所造也。"如果以小说家排名，那么孟子、庄子和韩非或许能包揽先秦诸子的前三名，他们均在著述中运用大量的寓言、传说和掌故，而韩非更是后来者居上。

诸子百家的学说，大都毁于战乱兵燹和焚书坑儒，而孟子、庄子、韩非子等的学说能幸存下来，那是因为他们都善用小说，所以其著述能在民间普及、广为传播并被收藏，也逃过了各种劫难。

以权谋解老学

韩非在《显学》篇中称："世之显学，儒、墨也。"仿佛在他那个时代，老学很寂寞，其实不然。韩非接下来是要严厉批评儒家和墨家，才故意那么说，他在《五蠹》篇中说的"儒以文乱法，侠以武犯禁"，就是分别针对儒、墨两家的。再说以儒墨为显学，并不表明老子的学说没有影响力。别的不说，从他著《解老》《喻老》篇，可见那时人们对老子学说的向往。倘若如某些研究者所言，《解老》《喻老》为他人所著，但是韩非在其他的文章中，也数次提及老子，从如数家珍的口气看，韩非对老子颇仰慕。另外，秦朝覆灭后，汉初就大兴黄老之术，这也表明其时老学的传播不仅强劲，且早就有其历史和社会基础。

韩非是法家，老学后归入道家，前者殚精竭虑于法术，后者逍遥自在于化外，道不同，韩非服膺老子似乎有点扞格。但是细究起来，法家与老学有隐秘的内在联系。老子曰："天地不仁，以万物为刍狗；圣人不仁，以百姓为刍狗。"韩非的基本思路是君王不仁，以万民为草芥，或者说以万民为工具。当然，老子学说言约旨远，玄之又玄。后学见仁见智，各有偏好，各有所取。故梁启超在其《论中国学术思想变迁之大势》中，将老学分为五派，分别为哲理派、厌世派、纵乐派、神秘派、权谋派。梁启超认为，其中哲理一派最为正宗，由"庄、列传之，大盛于魏、晋间"；厌世一派，乃"凡游心空理者，必厌离世界。楚狂、沮、溺之徒，皆汲老学之流也。后世《逸民传》中人，皆属此派"；纵乐一派，则"杨朱传之，数千年来，日盛一日"；神秘一派，"谷神玄牝，流沙化胡，盖必有所授焉。后衍为神仙方术家言，盛于秦、汉。复为符箓丹鼎之学，盛于汉末、三国、六朝";至于权谋一派,梁启超如此评价道:"老学最毒天下者,权谋之言也。将以愚民,非以明民,将欲取之,必先与之,此为老学入世之本。故纵横家言,实出于是,而法家末流,亦利用此术。《韩非子》有《解老》等篇。史公以老、韩合传,最得真相。"

《道德经》并非权谋之书,但是其中确有不少权谋之言。除了以上梁启超提及的"将以愚民,非以明民"等,章太炎还特别点出:"鱼不可脱于渊,国之利器不可以示人",此二语是法家之根本,唯韩非能解老、喻老,故成其为法家矣。经过历史的发酵、纵横家的操弄和扩充,到韩非手里,老学中的某些权术似融合渗透到法家的精髓之中。故司马迁作《老庄申韩列传》,把老子、庄子和法家的申不害、韩非合在一起,四人共传。然而太史公可能更着意于这位韩公子,在此列传中,韩非一人所占的篇幅要超过前三者的总和。原因是其中几乎引录了韩非的《说难》篇全文。以太史公出神入化之叙事本领和概括能力,何用照抄原文?当然,实在精彩之文则另当别论,例如在《秦始皇本纪》中,司马迁几乎整篇抄录《过秦论》,那是因为贾生的崇议宏论太过出色,足以传世。而韩非可选之文颇多,如《孤愤》《五蠹》《内外储》《说林》等,篇篇精彩,《史记》因何独中意此文?其实这是表现太史公惋惜其才华的一种反讽。意思是韩非明明知道进言之难,知道伴君如伴虎,知道揣摩君主心理,最后仍然以言获罪,死于狱中。所以太史公最后说道:"余独悲韩子为《说难》而不能自脱耳。"

《说难》,以今天的眼光看,多少涉及传播心理学。文章探讨游说之术,即如何进言人主而获得成功。韩非认为游说的关键在于了解游说对象的心理,即"凡说之难,在知所说之心,可以吾说当之"。接下来,韩非分析了以下几种情况:有的人主沽名钓誉,有的则追求厚利,有的表面上追求名誉,实际上渴望厚利。所以作为说客,千万不要混淆不同对象哦!否则不但不能收效,还往往被扫地出门。即"所说出于为名高者也,而说之以厚利,则见下节而遇卑贱,必弃远矣。所说出于厚利者也,而说之以名高,则见无心而远事情,必不收矣。所说阴为厚利而显为名高者也,而说之以名高,则阳收其身,而实疏之;说之以厚利,则阴用其言,显弃其身矣。此不可不察也"。再接着,还有更隐秘的手法,如果人主想炫耀自己的智慧,说客不仅要顺着他的思路帮其出主意,还要佯装自己很无知的样子,以凸显人主的智慧,即"使之资说于我,而佯不知也以资其智"。

当然,在以上的种种的权术都施展之后,决不能忘记最关键的一条,就是不能冒犯君主,不能触动他的逆鳞,否则必定招来杀身之祸。"夫龙之为虫也,柔可狎而骑也;然其喉下有逆鳞径尺,若人有婴之者,则必杀人。人主亦有逆鳞,说者能无婴人主之逆鳞,则几矣。"

或可说《说难》是游说者的必备手册、入门指南。整篇文章都在传授游说技巧和注意事项，但是即便如此，韩非仍然死于非命。由此可以认为，太史公把《说难》整篇纳入到《史记》中，并非因为此文是韩非所有文章中最为灿烂耀眼的一篇，而是该文恰恰是此类人命运的写照——尽管才华绝伦如韩非者，亦不能自脱耳。

太史公之叹息

笔者年少时读韩非，为其雄辩所折服。他的逻辑力量、犀利的文笔，还有那些意味隽永的寓言，给人留下色彩斑驳、大有教益的印象。待有了一定的阅历和社会经验后再读其书，颇感压抑和阴暗，因为韩非所说所主张，全为人主谋，目无余子，也就是只为君主专制服务。仿佛整个世界的存在，只为君王一人。他的许多文章如《爱臣》《二柄》《八奸》《十过》《内储说》等，都是指点或提醒人主如何驾驭并提防下属和百姓的。如果说"天地不仁，以万物为刍狗；圣人不仁，以百姓为刍狗"说的是天地没有情感，圣人无所偏爱，那么到韩非这里，演变为君王不仁，问题就大了。这里的关键不仅仅因为君王是有情感的、偏私的，难以做到公正无私，像天地圣人一般，而是说在韩非眼中，除了君王，天下人都没有独自存在的价值，或者说所有人的价值就是服从君主驱使和驾驭。这对于受过现代文明教育的人来说，殊难认同。

更加悖反的是，韩非一方面在《说难》中传授了游说人主的技巧和经验，体现他试图进言君主、建立功业的雄心；另一方面，他十分厌恶纵横捭阖的游说之士。在《五蠹》中，他先后把"学者"（儒生）、"言谈者"（游说之士）、"其带剑者"（侠士）、"其患御者"（逃避服兵役者）和"商工之民"（工商业者），当成国家的五种蛀虫，认为应该驱除。其实这"学者"和"言谈者"，在某种意义上就是他自身的写照。也许韩非觉得自己是六国的贵族出身、韩国的宗室子弟，所以从未将自己和寒门子弟放在同等地位。然而正是因为抱有这种内含的不平等观念，故解说《老子》时，把超脱于俗世的深刻思想降低到说客的争宠内卷和诈术操弄的层面，尚不自知。

相反，读《老子》就没有这种阴暗压抑之感，也许是老子的权谋之言颇有迷惑性的缘故，也许古今语言异变，同一个能指在不同语境中有不同所指，因此索绪尔的语言学理论更关注语言的共时性。例如"古之善为道者，非以明民，将以愚之"，有学者就阐释为善于行道的人，使民淳朴，驱除其机心。因为王弼当初就是如此读解的："'愚'谓无知，守其真顺自然也。"这个"愚"字，在老子那里未必有今天愚弄和欺骗的意思，也符合他小国寡民"鸡犬之声相闻，民至老死不相往来"的理念。所以读《老子》不觉着阴暗，而是产生一种深不可测的玄妙感。

作为法家代表人物，韩非主张在法度面前，贵贱平等，如"刑过不避大臣，赏善不遗匹夫"。这看似是一种进步，实际上这种平等，也是所有下属和百姓等作为君主工具的平等。即便在这一平等中，他还要将某些社会阶层（如学者、游士或工商业者等）统统排挤出去，这实在匪夷所思，这岂不扼杀了社会的活力？难怪太史公在《老庄申韩列传》的收尾处，留下了意韵深远的一笔："韩子引绳墨，切事情，明是非，其极惨礉少恩（极惨礉少恩，一些老学研究者翻译成过分严苛，缺少慈恩）皆原于道德之意，而老子深远矣。"那意思是虽然从表面上看，韩非延续了老子的某些思路，能根据具体的事情设立规则，将各种利害关系看得很透彻，然而做得过分苛刻寡恩啦！恐怕没有真正吃透老子的思想耶。

墨子非儒

《墨子》的非儒表现在其《兼爱》和《非乐》等篇目中,但是更体现在《墨经》上。《墨经》不光探讨逻辑学,它也是当时各科知识的教科书。其时,儒家奉《诗》《书》《礼》《易》《乐》为经典,墨家子弟则"俱颂墨经"。墨家子弟聚拢在一起,并不是念叨"兼爱""非攻"这些信条,而是学习科技知识,以运用到生产实践之中。尽管儒家有所谓格物、致知、诚意、正心、修身、齐家、治国、平天下的八条目,但是真正践行"格物"的是墨家。

《墨子》一书中有《非儒》篇，但是一些学者认为，这《非儒》十有八九并非墨子本人所作，例如梁启超在《墨子学案》中单单挑出此篇，写道："这篇无'子墨子曰'字样，不是记墨子之言。"当然，也不仅仅是因为没有"子墨子曰"就这么说，梁启超等一些学者应该是从《非儒》的整体看，认为该文不类墨子的风格，特别是其中直接对孔子进行人身攻击的部分，更不像是墨子所为。

墨子未必作《非儒》，但是在儒学兴盛的时代，墨子作为"学儒者之业，受孔子之术"的儒门后生，在思想上独树一帜、自成体系，蔚成一大家，和儒家并立于世，且能分庭抗礼，因此墨学一派的存在，某种意义上就是非儒的。

百家争鸣开了坏头

《非儒》篇虽然未必是（或者根本就不是）墨子所作，但是却在百家争鸣的历史上开了一个坏头，那就是在学术论辩中进行人身攻击。文章原本是批评儒家在丧礼守孝上的烦琐和某些不合理之处，但是不知为何，笔锋转过来，就直接诋毁孔子："今孔某深虑同谋以奉贼，劳思尽知以行邪，劝下乱上，教臣杀君，非贤人之行也。"①说诋毁，是因为文章只有罪名而无罪状，怎么"劝下乱上"了，怎么又"教臣杀君"？全无举证。

不过兼听则明，如果听听孟子大骂墨子，就会明白，这个坏头是儒家和墨家共同酿成的。孟子在狠批杨朱和墨子时称："杨氏为我，是无君也；墨氏兼爱，是无父也。无父无君，是禽兽也。"倡导兼爱怎么就是无父？这在逻辑上根本就说不通。况且孟子自己就说过"老吾老以及人之老，幼吾幼以及人之幼"之类的话，难道转身就忘了？更自相矛盾的是同一个孟子，在《尽心》章句中，又评价道："杨子取为我，拔一毛而利天下，不为也。墨子兼爱，摩顶放踵利天下，为之。"似乎在否定杨朱自利的同时又肯定墨子利天下的行为（只是认为做得有点过）。可见孟子痛骂墨子的原因一定不是"兼爱"，估计老夫子是被什么事情激怒了，一时气昏了头，言语有点错乱。不过有一点似可以推断，双方吵得很凶，到见诸文字，已经是互骂了一段时期了，只是后人不知道起因罢了，也不清楚是孟子谩骂在前，还是墨家攻讦于先。

可能是韩非子说过："世之显学，儒、墨也。"因此，后世学者往往想从思想上和理念上来区分儒家与墨家的不同，其实只要不人云亦云，我们会发现，在大的思想理念上，这两派没

---

① 见张永祥、肖霞译注《墨子译注》，上海古籍出版社2015年版。以下有关《墨子》的引文，均出自该书。

有明显的分野。略微了解一些墨学的人，几乎都知道墨子所倡导的是"兼爱""非攻""尚贤"等理念，转换成今天的话来说，这些理念就是墨学的核心价值观。首先我们要看看，在这些核心价值观上，儒墨之间有没有大的冲突？有的研究者为了从思想逻辑上将儒学和墨学区分，就认为儒家应该是反对兼爱的。首先班固就是这么认为的，说墨家"推兼爱之意，而不知别亲疏"。因为儒家自有一套君臣父子伦理的学说，所谓贵贱有等、亲疏有别。在这套伦理学说中，人们之间的相亲相爱是有等差的。所以提倡无差别的爱既不切实际，也坏了礼教。其实这是将两个不同的范畴的问题混淆了，即将社会伦理和个人情感的亲疏远近混为一谈。

  所谓兼爱，翻译过来，就是"大爱无疆"，这是社会伦理，是人们从原始的部落社会走出来之后，对理想社会的追求。关于大爱无疆的理念，在儒家学说里绝对不少，前文提及孟子就有过许多类似的言论，也没有人说他坏了儒门的礼节。再譬如在《礼记·礼运》中也记录了孔子的教诲："大道之行也，天下为公，选贤与能，讲信修睦。故人不独亲其亲，不独子其子；使老有所终，壮有所用，幼有所长，矜、寡、孤、独、废疾者皆有所养；男有分，女有归。货，恶其弃于地也，不必藏于己；力，恶其不出于身也，不必为己。是故谋闭而不兴，盗窃乱贼而不作，故外户而不闭。是谓'大同'。"这些篇章都进入过中学的课本，所谓"不独亲其亲，不独子其子"，难道不是兼爱么？从来没有研究者认为这"大同"的理想破坏了儒家的纲常伦理和等级秩序，缘何墨子倡导"兼爱"就是辟儒？

墨子之所以倡导兼爱，是认为社会上的一切乱象都是人们只爱自己、只关心自己所造成，所以在其《兼爱》中，从"治疗"社会乱象的角度提出问题："圣人以治天下为事者也，不可不察乱之所自起。当察乱何自起？起不相爱。"又说："天下之乱物……察此何自起？皆起不相爱。"墨子是从人性这个最基础的立足点出发，来探讨社会问题的。即只要克服人性中的自私自利，"若使天下兼相爱，爱人若爱其身"，那么这个社会上就不会有不孝和不慈者，而"不孝不慈亡有，犹有盗贼乎？"如果没有盗贼，怎么会有"大夫之相乱家，诸侯之相攻国者乎？"一路推理下来，"若使天下兼相爱……君臣父子皆能孝慈，若此则天下治"。

不过，凡是按单一逻辑推导成立的事情，在这个复杂的世界上都不成立，就像前些年有些人热衷于推销产品，他们的发财梦都是建立在单一逻辑基础之上的。

当然，墨子的兼爱与儒家的大同理想还是有些区别的，墨子的"兼相爱"后面还有"交相利"，即"夫爱人者，人亦从而爱之；利人者，人亦从而利之"。由此，墨子认为兼相爱、交相利，乃"圣王之法，天下之治道也，不可不务为也"。这也说明，墨家的"爱"，不纯粹是情感偏好，是结合利益关注的。而在儒家的学说里，义利不是并立的，义在前，利在后。

在儒家的学说里，只有在符合义的情况下，利才是可取的，义和利之间似乎有某种界限。而在墨家那里，爱和利大致是融合的，或者说爱和利是互为前提的。

前文说了，墨家的兼爱应该是一种社会伦理，这里的"爱"，相当于我们今天所说的"平等待人"或"互助友爱"，而不是指私人情感上的泛爱和不分亲疏远近。不过人们常常会将社会伦理的"兼爱"混同于个人的情感偏好，有时墨子自己也犯糊涂。譬如墨子的弟子巫马子跟老师说，我做不到您的兼爱："我爱邹人于越人，爱鲁人于邹人，爱我乡人于鲁人，爱我家人于乡人，爱我亲（指父母双亲）于我家人，爱我身于吾亲，以为近我也。"最后又说，自己为了利益之争，说不定也会杀人。墨子竟然无言以对，他无法否定巫马子的正常的人伦情感偏好，只是让他闭嘴，以免惹来杀身之祸。(《耕柱》)这也表明墨子在私人情感上，爱他的弟子甚于路人。

有了兼爱，必然就有"非攻"，这里观念逻辑上的联系毋庸赘述。墨子的"非攻"不仅在一般意义上反对战争，而且更反对侵略战争。在吾辈看来，墨子非攻最精彩之处不是在其理论阐释上，而是他与公输盘的斗智与竞技上。在模拟攻城和防御的操练中，墨子击败了公输盘，使得楚国不敢轻易进攻宋国，因而避免了一场战争灾难。这场模拟攻城的竞技实在太过精彩，富有戏剧冲突，所以被鲁迅先生写进了他的《故事新编》。

许多人读《墨子》，关注的是其中的思想和理念，几乎忽略了书中最后的《备城门》《备高临》《备梯》《备水》等十一篇文章，这些文章堪称完美的城池守备操作手册。从城墙修建的尺度，到弩车、云梯等的制造和使用方法，从旗帜信号的设置到戒备号令的发布，事无巨细，均安排得详密妥帖。由此，读者也可以窥见那个时代的战争规模、武备状况和生产力水平。其中最有趣的是，许多战术方略和实施手段都是在其大弟子"禽子再拜再拜曰"的催问下，墨子才成竹在胸，一一道来，感觉墨子的军事天才和超凡的营造技能基本都传授给了禽滑釐。

　　墨子的"非攻"无论是解释成和平主义，还是抵抗外来侵略，都和儒家的理念不相冲撞。至于他的"尚贤"的理念，更是发展了儒家的治国思想，在《尚贤》一文中，墨子说道："且以尚贤为政之本者，亦岂独子墨子之言哉！此圣王之道，先王之书《距年》之言也。"然后细数尧、舜、禹、汤、文、武之道，如尧举舜，禹举益，汤举伊尹，文王举闳夭、泰颠等，详述各位圣王都是怎么"必选择贤者以为其群属辅佐"的，又是怎么达到天下大治的。这口吻简直和儒家一讲起古代圣君就眉飞色舞一模一样。

节葬、非乐的苦行僧

问题来了,既然在以上兼爱、非攻、尚贤等核心理念中,墨家和儒家无大的区别,为何儒墨之间有如此口诛笔伐之战?

如果只从现有文献看,往往只能看到观念之争,但是许多事情的起因可能是利益之争,也可能是帮派之争,只不过这些吵架内容未必记录在案,或者记录下来后又没有留存下来。尽管儒家讲大同,墨家讲兼爱,但是他们大致分属不同的社会群体,在一些具体的事情上就有不同的做派,有不同做派就会有龃龉和矛盾。

以《汉书·艺文志》的说法:"儒家者流,盖出于司徒之官,助人君顺阴阳、明教化者也。""墨家者流,盖出于清庙之守。茅屋采椽,是以贵俭;养三老五更,是以兼爱。"即儒家和墨家在起始上就属于不同的社会阶层,似乎都是"公务员",但一高居庙堂,一苦守宗祠,估计在俸禄上就差出很多,中间有着无形的隔阂。当然,就成员主体而言,墨家门下手工业者和平民居多,儒家的子弟大都是有一定社会地位的读书人。由于社会阶层的差异,前者没有教化了后者,后者好像也不兼爱前者。

说到墨家和儒家不同的做派,最主要体现在对待礼乐文化的态度分歧。所谓礼乐文化,既是指观念上的某种认同,也是指日常生活中的行为规范,因为礼仪和音乐已渗透到我们的日常生活之中,礼乐文化是践行的文化,所以对待礼乐的态度,颇能反映个人或群体的做派。说得再具体一些,所谓墨家非儒,最主要的就是反对儒家在丧礼和音乐上的主张和做派。

儒家所遵守或奉行的礼法中,最不合理的地方或许就是厚葬久丧之礼。至于那时的厚葬"厚"到什么程度,虽然在文献上有些许记载(如"天子之棺四重""诸公三重,诸侯再重,大夫一重,士不重"等),但是到底耗费多少财物,没有确切的统计数据。从墨家的描述来看,一场靡费的葬礼下来,会使诸侯之家库府空虚,而普通人家则基本"殆竭家室"。还有与此相伴随的最残忍的殉葬制度:"天子杀殉,众者数百,寡者数十。将军大夫杀殉,众者数十,寡者数人。"(《节葬》)这些都让理智正常一点的人无法接受。厚葬之后是久丧:"君死,丧之三年;父母死,丧之三年;妻与后子死者,五(又)皆丧之三年。"接下来,按亲疏远近,有的守丧一年,有的数月。在守丧期间,还有数不清的烦琐的种种禁忌,弄得人们苦不堪言。

墨子对厚葬久丧的态度很明确,那就是从三个方面来判断这样做到底好不好,值得不值得,即"亲贫则从事乎富之,人民寡则从事乎众之,众乱则从事乎治之"。就是说这种丧葬制度,能让贫穷者富裕,或者使家庭人丁兴旺,再或者有利于社会的治安。既然儒家讲究仁义,那么能够达到以上三个方面的标准,就是有仁义,否则就是不仁不义。显然,用这三把尺子一衡量，厚葬久丧的诸种弊端和对普通家庭与社会的危害一目了然。

墨家提倡节葬，反对厚葬，是因为后者劳民伤财，造成极大的社会耗费。若助长此风，会让正常的社会经济生活难以维系。正是依照这个逻辑，墨家也反对儒家所津津乐道的音乐文化和与此相应的文化娱乐生活，认为此将"亏夺民衣食之财"也。由此，《非乐》篇说道："是故子墨子之所以非乐者，非以大钟、鸣鼓、琴瑟、竽笙之声，以为不乐也；非以刻镂华文章之色，以为不美也；非以犓豢（家畜）煎炙之味，以为不甘也；非以高台厚榭邃野之居，以为不安也。虽身知其安也，口知其甘也，目知其美也，耳知其乐也，然上考之不中圣王之事，下度之不中万民之利。"

明明知道音乐文化之美，却加以反对，这背后最根本的理由是这些"美"都不实用。墨家讲实用，实用就是"利"，就是利于日常生计。上文说"不中圣王之事"，只是虚晃一枪，因为上古圣王年代渺远，也难以考究，下文说的"不中万民之利"才是题中之义。欣赏音乐和娱乐要花费时间、精力和财物（如制作各种乐器和相应设备），本来这些时间、精力和财物用在生活必需品的生产上面，可以充实仓廪库府。若崇乐，则人们沉湎在声色犬马之中，耽于享乐，夏代的启就是这样把大禹好端端传给他的基业弄得不成样子的。所以墨子认为音乐就是"天下之害"，"不可不禁而止也"。

应该说墨子对待音乐的态度走了极端，忽略了音乐的社会功能、情感功能和心理功能。上文为了论述方便，我们把礼仪中的葬礼和音乐分开了来讨论。其实，在儒家那里，礼乐往往是一体的，音乐有时是礼仪的组成部分。音乐不仅能悦耳，按照《礼记》的说法，音乐还是社会情绪和社会秩序的表征，所谓"治世之音安以乐，其政和；乱世之音怨以怒，其政乖；亡国之音哀以思，其民困。声音之道，与政通矣"。墨子非乐，但是他并没有完全非礼，他在《尚贤》和《尚同》中的许多论述都内含着礼法。只是他觉得音乐声一起，伴随而来的是巨大的人力和物力的耗费，这种耗费必然会转嫁到底层劳苦大众身上。

墨家的子弟虽然大都是五行八作的手工业者，却是一个道德感相对较强的群体，他们乐于奉献、惮于享乐，并认为享乐和超出生活必需以上的消费就是一种罪过。所以"节葬""节用""非乐"等都是这一群体道德立场的体现，也是同一种生活态度的各个侧面的表现。墨子本人就是这方面的表率。如果说孔子向往的是周礼，"周监于二代，郁郁乎文哉！吾从周"，那么墨子的榜样就是大禹，《庄子·天下》篇有云："墨子称道曰：……'禹亲自操橐耜而九杂天下之川。腓无胈，胫无毛，沐甚风，栉疾雨，置万国。禹大圣也，而形劳天下也如此。'使后世之墨者，多以裘褐为衣，以跂蹻为服，日夜不休，以自苦为极，曰：'不能如此，非禹之道也，不足谓墨。'"

传说中大禹治水，三过家门而不入，其风餐露宿、栉风沐雨，一般人都能想到。至于"腓无胈，胫无毛"（小腿上既无肉又无毛），一定是出自墨子等人的切身经历和体验。史书上即便有大禹的记载，也不会说得那么细致，关键是夏代的文字到底是什么模样，缙绅先生难言之。墨子的年代相隔夏初起码有一千五百年，关于大禹劳累以至小腿上的毛都脱尽，估计连道听途说的渠道也没有，所以上述有关大禹"形劳天下"的种种描绘，应该是墨家自身的写照，或庄子借墨子之口对墨家风范的概述。

　　墨家在经济活动和日常生活中最典型的特点是"勤"和"俭"，像克勤克俭、吃苦耐劳、勤俭持家等中华传统美德，都与墨家的做派和行为规范有关。准确地说，是墨家体现了传统美德中的这些品行。这些品行有点类似后世欧洲的清教徒的操守，或者反过来说也行，清教徒有点类似于墨家。或许人类的许多族群中都有这样一批严于律己、乐于奉献的群体，他们使得该族群的文明得以保全。历史学家汤因比在《历史研究》一书中，曾经用"挑战"和"回应"来总括人类文明的诞生和延续，亦即只有很好地回应历史和大自然挑战的民族，才能有未来，才能有前途。亦即一个民族在其早期筚路蓝缕时期，特别需要墨家这样乐于奉献的团体。

　　不过事情往往是过犹不及。因此，战国时期其他诸子对于墨家的主要批评不是其倡导兼爱，而是认为墨家这一派门规太严、自苦太过，教人无法忍受，难以推广。故孟子认为应该在杨朱的"为我"和墨子的"利他"之间，找一条"执中"的道路。《庄子·天下》篇说："其行难为也，恐其不可以为圣人之道，反天下之心，天下不堪。墨子虽独能任，奈天下何！"荀子说的"墨子蔽于用而不知文"（《解蔽》篇）、"上功用，大俭约，而僈差等"（《非十二子》篇），也是相近的意思，说墨家太注重生计实用、太过于节俭而忽视了文化与社会的其他方面的需求和阶层差异所带来的需求差异。

《墨经》与先秦名学

据说爱因斯坦在20世纪20年代到过中国，认为中国人缺乏逻辑思维，不爱做实验。这类笼而统之的评价虽然未见确切，但是大差不差。以儒家理念为主的中国古代文化传统，似乎缺的就是这两大方面。当然，什么事情都有例外，墨家就是这一例外。要说墨家非儒，以今天的眼光看，恰恰是在爱动手实验与数学、形式逻辑等方面的探究上不同于儒家，也不同于其他诸子，就这一方面来说，墨家的出现确实是一个异数。有人甚至推断墨家，可能是犹太人中的一支，在公元前6世纪从巴比伦逃难来到了中土，这实在有点玄虚，也意味着华夏人不能自觉地开辟数学、科学和逻辑研究领域。其实这里有偶然性。历史本身就是修剪师，有那么几次失手，就将形式逻辑和实验精神这一枝条给剔除了，其他的枝叶越茂盛，这一支脉就越受压抑、排斥。

如果说古代中国尚有一些数学著作，如《周髀算经》《九章算术》等，也陆陆续续有科技观察和科技实验方面的记录和相应的著述《考工记》《梦溪笔谈》《天工开物》等，那么，逻辑学著作似绝无仅有，这就是《墨经》。所谓《墨经》，是《墨子》书中《经上》《经下》《经说上》《经说下》四篇的合称（后人又加上《大取》《小取》，共六篇），其内容丰富而庞杂，包括自然科学、数学和逻辑学等多个领域。西晋人鲁胜将此从《墨子》书中抽取，称之为《辩经》，其重点在于突出其逻辑学的内容。故在《墨辩注叙》文中说："墨子著书，作《辩经》以立名本，惠施、公孙龙祖述其学，以正刑名显于世。"这里，所谓"以立名本"，就是开创了名学，也就是今天所说的逻辑学。

笔者揣测，可能是为了回应西方有关中国人缺乏逻辑思维的说法，胡适早年的博士论文的功夫就下在《先秦名学史》上，这部名学史，实际上就是中国早期的逻辑学史。该著述的重点就是告诉读者，在春秋战国时期，先贤已经就知识的来源，判断和推理、归纳和演绎等逻辑学现象有了一定的认识和自觉的表达。在这部《先秦名学史》中，胡适将惠施和公孙龙归在"别墨"一派中（此乃胡适概念上的误用，"别墨"是墨家内部各派之间以自己为正宗，对其他派别的蔑称）。之所以将惠施、公孙龙等归在墨派，是因为公孙龙等所讨论的问题，如白马论和坚白论在《墨辩》中均有提及和得到关注,可谓一脉相承。不过胡适认为《墨辩》诸篇章肯定不是墨子本人所著,因为墨子不太可能既是逻辑学方面最初的发蒙者,同时又是逻辑体系的创始人,并进一步认为《墨辩》诸篇即使不是惠施和公孙龙等所著,也应该是惠施和公孙龙那个时代的作品。

有研究者认为,在《墨辩》诸篇中,作者提出了"名""辞""说"等称谓,它们相当于现今逻辑学的概念、判断和推理这三种形式范畴。这略有附会,细究起来,只有"名"相当于现今的"概念",其他的逻辑学范畴在《墨辩》中并没有很对应的词,亦即符号的能指和所指并不是像今天的逻辑学教材那般一一对应。"辩"、"辞"、"说"、"故"(前提)、"类推"(推理)等都反映了那时的逻辑学思想。胡适在《中国哲学史大纲》中还把《小取》中提及的"或""假""效""辟""侔""援""推",称为"辩的七法"。前两者"或""假"是"立辞的方法","效"是演绎法,"辟""侔""援""推",都可以叫作"归纳的论辩"。所谓辩就是分辨、判断和区分的意思:"夫辩者,将以明是非之分,审治乱之纪,明同异之处,察名实之理,处利害,决嫌疑焉。"(《墨子·小取》)

逻辑学往往是在辨析和辩论中产生的,惠施与庄子辩,公孙龙则通过自辩揭示了逻辑思维上的某些规律。使公孙龙声名大著的是"白马非马"论。不知为何,一直到现今,还有些学者称"白马非马"论为诡辩,公孙龙只不过是说"白马"的概念不同于"马"的概念，有错吗？没错！有一个故事说，公孙龙骑马出关，有关守接到上峰命令，不让马匹出关，于是公孙龙通过一番辩论，说自己骑的是白马，白马非马，结果就顺利过关。这样一来，一个逻辑命题变成了一则公孙龙如何善于狡辩，以达成自己目的的故事。其实白马非马只是纯粹的逻辑学探讨，只涉及概念的内涵和外延，并非在日常生活中人们是不是将白马看成一匹马的问题。

非常可惜的是，由《墨辩》和公孙龙等开启的形式逻辑和语言学话题，基本就到此为止，后世的学者并没有大的推进。虽然逻辑问题最初可能来自经验，但是由日常经验所造成的困惑一旦获得解决，那么对于超于经验的思辨，许多学派均不感兴趣。正如司马谈在《论六家要旨》中所言："名家苛察缴绕，使人不得反（了解）其意。"人们更倾向于把思辨方面的困惑搁置起来。所以，胡适说墨翟及其学派是"发展归纳和演绎方法的科学逻辑的唯一的中国思想学派"。也就是说，不排除有个别智者（如鲁胜等）对于形式逻辑问题有关注，但是像战国时期集中探讨数学和形式逻辑问题的学术团体，在两千年中就再也没有出现过。

在形式逻辑面前，儒家倡导的礼是没有地位的，因为礼法包含着社会传统和具体的生活内容，而在形式逻辑中，这些具体的内容被抽取了。双方意见相左时，在辩论中决定胜负的是逻辑力量，而在礼法中，决定胜负的是社会地位的高低。由此，纯粹的训练思维能力的辩论就被挤出了中国传统的主流文化。

其时，儒家奉《诗》《书》《礼》《易》《乐》为经典，墨家子弟则"俱颂墨经"(《庄子·天下》篇)，这就显示出其不同于儒家和其他各家的品行。前文说了，《墨经》不光探讨逻辑学，它也是当时各科知识的教科书。《墨经》中有丰富的生产劳动方面的知识，有杠杆原理，有针孔成像，有几何学知识，等等。也就是说墨家子弟聚拢在一起，并不是念叨"兼爱""非攻"这些信条，而是诵习墨经，学习科技知识，以运用到生产实践之中。尽管儒家有所谓格物、致知、诚意、正心、修身、齐家、治国、平天下的八条目，但是真正践行"格物"的是墨家。墨家的强项正是儒家的弱项。儒家的四体不勤、五谷不分，不仅是社会分工造成的，也表明社会的主流文化轻视生产实践和科学实验。如果说诸子百家中，别的学派是以观念认识的标新立异非儒，那么墨家则是以参与社会生产实践活动而非儒。

当然，这里似乎有些悖反，墨家是最注重生计实用的学派，因此《墨经》中包含大量的科技生产知识，但是为何《墨经》也关注形式逻辑这类丝毫没有生计实用价值的知识？其实，科技知识的进展必然依赖背后的逻辑思维。从墨家到名家，是思维拓展的必由路径。可惜墨家在近两千年的时光中一直被封存冷藏，直到清代，才为有识有志之士所发现，经毕沅、王念孙、汪中、孙诒让等一番校勘、注释、间诂，才重新见光。20世纪上半叶，在西学东渐、"打倒孔家店"的语境下，墨学研究遂大兴。

儒门论管子

儒门后生对管仲的评价并不一致,孟子和荀子代表了不同的两个方向,这涉及对"仁"的阐释:仁是理想的大旗,还是现实环境中的可行的选择?正是从齐国的具体情形出发,管仲以其富国强民的经济学思想治国,襄助桓公"不以兵车"获得"九合诸侯"的霸主地位。

明代大文学家唐顺之于弱冠之年参加会试，一举夺魁，荣登会元宝座。他的那篇科举成名作《一匡天下》，据说成为八股文宝典或指南，被收录在方苞的《钦定四书文》之中。

自从孔子在《论语》中提及管仲"一匡（匡，正也）天下"，这成语就作为管仲的专有评语或名谓，所以，唐顺之在短短几百字的文章中，将管仲襄助齐桓公会盟诸侯，安定天下的功劳，画龙点睛地勾勒出来。在我有限的阅读经验中，说到"一匡天下"，没别人，那就是指管仲，还没有见到谁用这个成语来形容其他大人物的，如汉之张良、唐之魏徵、明代之刘伯温等等。

仲尼之门小五伯

管仲作为"春秋第一相"，本领了得，所谓"九合诸侯""一匡天下"，都出自孔子的赞誉。原本以为这"九合诸侯"的"九"字是一个虚数，言其多，而实际并没有那么多，就是齐国把各路诸侯召集到一起，吃吃喝喝，鼓瑟吹笙，联络感情，维持一种歌舞升平、天下太平的局面，同时各诸侯国也尊齐国为老大。然而，据史书记载，齐国主导的会盟竟然有十五六次之多。其中起码有九次会盟是实实在在的（《管子·幼官》），即诸侯们相聚，除吃吃喝喝以外，还有许多实质性的内容。自北杏初次会盟始，每一次会盟似都有提案，有规约。有些规约即便放在两千多年后的今天来看，仍一目了然，没有太多语言障碍，这里姑且摘录几条：第二次会盟诸侯的决议是"养孤老，食常疾，收孤寡"；三会诸侯，定下的规则是"田租百取五，市赋百取二，关赋百取一，毋乏耕织之器"；四会诸侯，"令曰：修道路，偕度量，一称数。薮泽以时禁发之"。还有一些会盟的内容，如葵丘会盟，在三百年之后孟子的书中都有详细的记载（《孟子·告子》篇），可见其当时影响之大。这有点像联合国开会，就全球治理和其他某些公共事务建立相应的规范，以及对环境、医疗、教育、难民或就发展中国家的某些亟需解决的问题作出决策。

若以成败论英雄，管仲无疑是大英雄，他的业绩在《管子》一书中多有记载，有些可能是后人虚构的，但是这也得有可以虚构的基础。不仅管仲，当时春秋五霸都是大英雄。然而荀子在其《仲尼》篇中却说："仲尼之门，五尺之童子言羞称五伯。"刘向在校雠《荀子》时，再次确认了儒门的这一立场，"孟子、孙卿（荀子）、董先生（董仲舒）皆小五伯"。

为何"小五伯"？这就是所谓价值观。也就是说，除成败之外，儒生们还用另一把尺子来衡量管仲。说来比较有意思的是，"仲尼之门"并不包括孔子本人，因为在对待管仲的态度上，孔子和他的弟子是有分歧的。孔子之称颂管仲往往是在回应弟子们的质疑的基础上。例如子路问道，齐桓公在和公子纠（兄弟之间）争夺王位的过程中，辅佐公子纠的大臣召忽为此而殉身，管仲却活了下来，这应该算是不仁吧。孔子连忙说："桓公九合诸侯，不以兵车，管仲之力也。如其仁（就算是仁了）！如其仁！"

类似的问题，子贡又问了一遍，大意是，管子算不上仁者吧，齐桓公杀了公子纠，辅佐公子纠的管仲，不仅苟活下来，而且还襄助桓公称霸。孔子说道："管仲相桓公，霸诸侯，一匡天下，民到于今受其赐。微（无）管仲，吾其被发左衽（指沦为野蛮人）矣。"这算是间接回答了问题。

儒家思想的核心理念是仁，但什么是仁，孔子并没有作精确的界定，所以在不同的场合有不同的回答。因为在孔子那里，仁不仅仅是一种抽象的理念，也是一种可贵的品质，更是一种高尚行为。而一涉及具体行为，问题就复杂多了，所以一部《论语》，记载了孔子弟子们问仁的许多困惑：什么样的行为可以称为仁，什么样的行为又不能算仁？可以想见，孔子的回答也是随机的，不拘一格。除了人们比较熟知的"仁者爱人""克己复礼为仁"等，还有许多问题是由某种语境触发的，有的答案简明，有的则暧昧，有的则不置可否。例如，他说："仁者必有勇，勇者不必有仁。"说："刚、毅、木、讷，近仁。"又说："仁者先难而后获，可谓仁矣。"就是说一个人只有先承担责任，而后才可有所获取。当学生问他"克、伐、怨、欲不行焉，可以为仁矣？"即一个人去除好胜、自夸、怨恨和贪欲等行为，可以算仁吗？孔子回答，这虽然很难做到，但是算不算仁，自己也说不清楚。弄到后来，夫子自己也特困惑，尽管仁是理想境界，但这把尺子毕竟不是万能的，无法来衡断一切日常事理。学者李山认为，在孔子那里，仁不仅是指完美的人格，仁者也讲事功，即对有一定社会地位的人来说，有功于社稷苍生，就是大仁。(《先秦文化史讲义》)

　　回到管仲问题上，孔夫子在弟子面前为管仲辩护，说明在儒家的价值体系中，管仲是一个颇有争议的人物，因为儒家的理念中，评判一个人包含着对其节操的评价，这是仁的重要组成部分。所谓"时穷节乃现，一一垂丹青"。以殉死的召忽和管仲相比，显然召忽要比管仲更高尚。

　　也许，孔子知晓弟子们的困惑，所以也说了一些批评管仲的话。如在另一个场合，他说"管仲之器小哉"。至于为何说管仲器小，孔子没有特别点明，所以弟子们不免猜测：是"管仲俭乎？"或者是"管仲知礼乎？"这似乎暗示管仲既奢侈又不知礼。后世儒者如扬雄、程颐、苏轼等都对此有所解释，而且基本都持批评的态度，其中朱熹的说法特别明确："器小，言其不知圣贤大学之道，故局量褊浅、规模卑狭，不能正身修德以致主于王道。"朱熹的解释未必是孔子的原意，但是反映了宋儒的看法，即管仲"鲜矣仁"。

孟子、荀子各有立场

　　宋儒的不屑管仲，其实与孟子有很大干系，因为在仲尼门下，孟子的影响最大，孟子对管仲的态度可能反映了儒生们比较普遍的看法。孔子说管仲器小，也许是为了调和，因为弟子们都说管仲不仁，他总得有点态度。然而，百多年之后，孟子的态度则很鲜明，讨厌别人把自己的抱负和管仲相比较。他借曾西之口说："管仲得君，如彼其专也；行乎国政，如彼其久也；功烈，如彼其卑也。"意思是管仲那么受齐桓公信任，当国又那么久，但是所取得的功绩却如此微小。另一次，孟子和齐王约相见，齐王称病，不能去见孟子，希望孟子来朝见自己。孟子就很不高兴，也称病，并说道："桓公之于管仲，则不敢召，……而况不为管仲者乎？"孟子托病以表达不满：连齐桓公都不敢轻易召见管仲，何况对于不愿效法管仲的人呢？当然，孟子不屑管仲，不是小瞧管仲的能力，相反，他认为管仲是那种天降大任之人，他那段人所共知的语录"天降大任于是人也，必先苦其心志，劳其筋骨，饿其体肤，空乏其身，行拂乱其所为，所以动心忍性，增益其所不能"中的"是人"就包括大舜、管仲、孙叔敖、百里奚等人。

孟子之所以鄙视管仲，是从"春秋无义战"的立场出发，谴责霸业。这比子路或子贡站得更高，看得更远。因为子路等只是着眼管仲为人的节操方面，而孟子是站在人道和正义的人类高地上来看待问题。如齐宣王有一次问孟子："齐桓、晋文之事可得闻乎？"对曰："仲尼之徒，无道桓、文之事者，是以后世无传焉，臣未之闻也。"其实岂是孟子不知晓齐桓、晋文之事，孟子只是向齐宣王表明，自己对五霸之事和五霸之业毫无兴趣。他说："五霸者，三王之罪人也；今之诸侯，五霸之罪人也。"所谓三王，就是指禹、汤、周文、武。在孟子的理想中，三王时代是"土地辟，田野治，养老尊贤，俊杰在位"的太平盛世，到了诸侯和五霸时代，世风日下，"土地荒芜，遗老失贤，掊克（搜刮民财之人）在位"，于是战乱不断。在三王时代，"天子讨而不伐"，即天子首先声讨不遵守约定的诸侯，然后会用除战争之外的其他手段（类似今天的经济制裁）来惩罚对方，武力威慑只是最后的手段。而到了五霸时代，"诸侯伐而不讨"，即诸侯之间不需要什么理由和罪名，就贸然出兵攻打对方。特别是五霸开了坏头，经常会纠集一帮小兄弟去征伐另一诸侯国，以往的一切规矩都被破坏了。

即以齐国为例，齐桓公与爱妃泛舟湖上，爱妃识水性，故意摇晃船只逗乐，不料惊吓了桓公，桓公欲阻止，爱妃不停手。桓公一气之下，休了她。事过之后，桓公想召回爱妃，不料她已嫁蔡侯（书中称她蔡姬），于是桓公大怒，起兵伐蔡。一说是管仲出主意，以伐楚的名义，过境于蔡国，狠狠践踏了蔡国国土。待到楚国问齐国起兵的缘由，据说是楚国多年未向周天子进贡包茅（一种祭祀时用来过滤酒的植物），齐国才奉天朝之命出兵。当然这理由实在是牵强。后来，那边恢复进奉贡品，这边就罢兵熄火。

在《春秋左氏传》中，并未说齐侯伐楚是管仲的主意，但是在后人看来，齐国的大小决策均与管仲脱不了干系。也许孟子就是这么看的。似可以这么说,在孟子以前,仲尼之门是只从个人的德行品格来评价管子的,而孟子的视野显然高远,他是从整个社稷的管理有序、百姓安居乐业、社会安定祥和来看待个人的功业的,至于单单齐国的强盛与否,管仲是否精明强干,都要在那个大前提下,才能给出结论。顺便说一声,孟子乃邹人,出生于小国,但眼界在天下苍生。他的观念逻辑是民为贵,社稷次之,君为轻。他的最高理想也是"天下归仁"。但是孟子的核心理念比孔子还多了一个"义"字,按程颐的说法:"孟子有功于圣门,不可胜言。仲尼只说一个'仁'字,孟子开口便说'仁义'。"若以义来衡量,管仲显然是有亏欠的。

  孟子之后的大儒当属荀子,荀子对管仲的评价既不同于孔子,也与孟子的贵王贱霸不同,荀子是王霸并重或认可先王后霸的。他所称"仲尼之门,五尺之童子言羞称五伯"中的"仲尼之门"显然不包括自己,因为荀子是认可五霸的。特别是在他所处的年代,七雄纷争,周天子的统治摇摇欲坠,成为王者实在有点困难,谁如果能成就霸业就相当可以啦!所以他说:"粹而王,驳而霸,无一焉而亡。"意思是如果能以仁义管理天下当然好;一边讲仁义,一边能上手段和计谋也不错;如果既无仁义,又无手段谋略,那肯定是要"完蛋"。说是这么说,但是荀子心里明白,像孟子所追求的"粹而王"太理想化了,孟子三次见齐宣王而故意不谈政事,就是想驱除后者急吼吼称霸的野心。如果说孟子是理想主义,荀子就是现实主义。荀子认为，王霸并用才是当下行得通的法门。正是在这个意义上，他推崇管仲，认为齐桓公尽管常常沉湎于声色犬马之中，但是能把国家大事托付于管仲这样的人就对了，这"是君人者之要守也"。也就是说只要选对了人，前景就光明灿烂，"故能当一人而天下取，失当一人而社稷危"。

《荀子》中有数处提及管仲（如《臣道》篇、《君子》篇等），都是从齐桓公的霸业着眼的，如说"桓公之于管仲也，国事无所往而不用"等。也就是说，只有在这一语境下，荀子才称颂管仲。孔子认为管仲能襄助桓公九合诸侯，一匡天下，就算是仁了，经过孟子那么一否决，荀子也就不说管仲是仁者，但认为如果不能做到"义立而王"，那么能"信立而霸"，做到赏罚分明，取信于民，把天下治理好，也算是一桩大功业，这就是所谓"德虽未至也，义虽未济也，然而天下之理略奏矣"。

接下来有关管仲的一段话就带有某些地域歧视色彩了，荀子假借孔子的话说："子家驹续然大夫，不如晏子；晏子功用之臣也，不如子产；子产惠人也，不如管仲；管仲之为人，力功不力义，力知不力仁，野人也，不可以为天子大夫。"意思是子家驹、晏子、子产等人都不如管仲功劳大，管仲虽然功劳很大，但是在仁义方面有所欠缺。然而，管仲怎么算是野人，不能为天子大夫？

之所以说荀子是假借孔子的口吻，因为前文孔子已经说过，如果没有管仲，他就会"被发左衽"，被野蛮人统治，怎么可能称管仲为野人？当然，这里的"野人"，不是指边疆少数民族，而是有点像眼下所说的乡下人，眼光有点土的人。坊间的玩笑，在上海人眼里，除了沪上之人，全国人都是乡下人。荀子本人是赵国人，相比较齐国、楚国和吴越等地，算是身处中原，所以在他眼里，五霸都是来自僻陋之地。

其实，无论是孔子说管仲"器小"，还是荀子说管仲是乡下人，都是很勉强的，他们就是想绕开"仁义"两字做文章。孟子则直截了当得多，即管仲本领很大，但是仁义不足，故不屑与之为伍。

《管子》是管仲所作吗

说到管仲，不能不说说《管子》。然而《管子》的研究者基本认为此书非管仲所作，理由也很充分：《管子》一书中有不少处提及桓公，然而桓公是齐王小白的谥号，管仲殒于齐王之前，不可能知晓后者的谥号。另外，书中有些篇章提及的人物，如毛嫱、西施是出生在春秋晚期的人物，也佐证了这一点。

有的学者认为《管子》一书虽非管仲本人所撰，但是可以看成"管子学派"所作。其实这也很可疑，因为在诸子百家时代，似无人提及管子学派，如孟子称："圣王不作，诸侯放恣，处士横议，杨朱、墨翟之言盈天下。天下之言，不归杨，则归墨。"又说："逃墨必归于杨，逃杨必归于儒。"说得虽有点夸张，但是也起码说明，其时管学尚没有冒头。接下来无论是《庄子·天下》篇，还是《荀子·非十二子》篇，对各家学派均有所评点，好像也未有管学的蛛丝马迹。依现有史料看，韩非是先秦诸子中唯一提及《管子》的学者，尽管他认为"世之显学，儒、墨也"。然而在《五蠹》一文中又称："藏商、管之法者，家有之。"这一句"家有之"似表明法家著述在那时也很普及，也印证《管子》一书在韩非的时代已经流布开来。商鞅晚于管仲三百年，韩非之所以把商鞅列在管子之前，似乎也意味着《管子》一书是成于《商君书》之后。当然，另一层含义可能是按法家著作算，《商君书》似更有代表性。《管子》一书内容博大又驳杂，好像远不能归法家独有。

也有研究者如李山认为《管子》一书是稷下学宫的一些学士所为，他们中有些人对管子辅佐齐桓称霸的经验感兴趣，并写出了相关的著作。笔者比较认可这一说法，这是基于《管子》一书的博大和丰富性。《管子》的内容实在太庞杂，儒家、法家、道家、墨家、农家、兵家、阴阳家等的学说几无所不包。而在战国年代，只有稷下学宫的鼎盛时期，才可能有不同学派的人才荟聚、不同思想的碰撞，产生出这类精彩的著述。另外，人们思辨方式的演进和书写工具的便利，也决定了只有在战国这个时期，才能产生动辄几千言的说理文章，在此之前我们见到的《老子》也罢，《论语》也罢，都是短小的语录体。

在子书中，像《吕氏春秋》《淮南子》等著述，也是由众多门客学士所撰，但是这两部书在内容的广度上似不及《管子》。究其原因，两部书是由吕不韦、刘安各自主持和取舍的，在完成前已经被定下了格局和大致的思路。而《管子》一书则积累了各家之说，估计并没有统一擘画者，也没有总撰稿人。可能是身处国都临淄，为了讲好齐国故事，回报朝廷的优待，学士们八仙过海各显其能，越写越亢奋。到了汉代刘向手里，林林总总已达五百六十四篇，经刘向整理裁决，"校除重复四百八十四篇，定著八十六篇"[①]，才算有了定本。笔者以为，这里的"重复"应该是指内容基本相同，不是指一字不差的重复。也就是说刘向的取舍范围远比吕不韦等来得广，且没有先入之见，所以《管子》成了融汇各家学说的一部文集。当然这里不排除某些篇章就是管子所为的可能，如该书中"仓廪实则知礼节，衣食足则知荣辱"这类古训，就可能是管子时代辗转流传下来的。

同为集体作业，之所以说《吕氏春秋》和《淮南子》两部书的内容不如《管子》来得丰富博大，是因为前者意识形态方面的说教内容相对比较多。如《吕氏春秋》，是从天人合一的立场出发，比照天地关系来讨论君臣关系，并按春夏秋冬四季的编排体系来展开论述。虽然文章中不乏先贤的教导和生动的

---

① 参见刘向的《管子·序》，其中算术有误，564篇减去484篇，应该是80篇，而不是86篇。

故事例证，但是有些教导往往脱离了具体的语境，成为比较宏观的大道理。反观《管子》，虽然也讲一些大道理，但是也有比较具体的操作手段，感觉上是其来自丰富的实践经验。如以谈论兵家的篇章而论，《管子》的《兵法》，既有大道理，也有特别具体的操作守则，如"三官""五教""九章"，这些都是打仗时需要受过训练的士兵特别遵奉的细则和条例，具体到击鼓、鸣金、举旗的动作和含义都有特别的规定。同样的主题，《吕氏春秋》的《荡兵》只是泛泛而谈，认为不能一概地反对战争，因为战争自古以来就没有停止过，倒是应该区分战争的正义与否，以兴仁义之师云云。相比之下，文章的内容要稀薄得多。

当然，今人可以说《管子》中记录的这些实践经验和行动细则因早已时过境迁，没有什么借鉴意义。但是从那些十分具体的操作细节中，人们可以了解到当时的战争形态、规模，以及所使用的手段、方法和相关章程。特别对于后人来说，还原历史，就是要还原细节。许多道理是古今相通的，正是在具体的烦琐的细节中，才能见出时代的递进和历史的步伐。

"轻重"之学

上文已对比《吕氏春秋》中的篇章，我们似可揣测，《管子》中的某些篇章未必是书斋里的学士所撰，更可能是从有实践经验的人那里搜罗来的。在《管子》书中，最为蹊跷的就是有关"轻重",有关物价、货币、市场流通等的十九篇文章(现存十六篇)。所谓"轻重",最早出自《国语·周语》,是指铸币按质量可分为重币和轻币,当然在《管子》中的引申义很广,涉及一系列国计民生方面的经济问题。虽然文章中处处有"桓公曰""管子对曰",但是一般研究者认为,只是假借桓公和管仲对话之名而已。在春秋早期,人们的经济生活尚未达到文中所描述的程度,因此,这些文章应该是战国后期到汉代初期的作品。再则,若非经济管理方面的行家里手,有相应的经验和才能,一般的文人学士很难杜撰出这类文字。让我们且挑选一些文章,浏览大致内容。

在《巨乘马》篇中,管仲提出的富国主张是振兴农业,反对给农民摊派劳役而延误农时。另外主张以价格为杠杆,通过市场调节来获取资源,如在春耕时贷款给农人,到了秋收时谷贱,农人再以谷物还贷款。国家垄断了大部分谷物就能抬高价格,并以谷物换取武备器械,也不必向百姓再征收税赋。在《海王》篇中,讨论了税收问题,即税源和怎样收税的事宜。桓公提出了征收房屋税、林业税、六畜税、人头税等,均为管仲所否定,管仲认为这些办法会导致人们毁坏房屋、树木、六畜,降低生育率,等等。取代的办法是征收盐、铁税,并对征收的方法和具体的数额加以限定。在《山至数》篇中,管子反对向工商业者加征税收,提出"王者藏于民"的藏富于民的主张,完善国家的财经政策。在《地数》篇中,特别强调了政府开采矿产资源，并加以控制的聚财方式。在《揆度》篇中讨论了国家如何通过对价格、市场和流通领域的适时调控来积累财富，均衡民间的贫富。其他《轻重》诸篇中，也分别讨论了如何利用税收和物价变化，在流通领域获利，以聚集财富。当然最令人惊奇的是，《轻重戊》篇竟然让我们领教了贸易战的思路，即以经济手段胁迫他国屈服，而且对策和措施周详而细密。这类策略在靠武力杀戮、攻城略地扩大战果的春秋战国时期是罕见的，不过更加证明了这类文章只能产生在秦王朝之前。因为在秦、汉大一统的政权确立之后，中原王朝对周边国家虽然恩威并施，也有通商，但是似无价格战和贸易战的历史记录。这类思路只能产生于百家争鸣的年代，并且可能得到部分的实施。[①]

在农耕文明及其相应的文化传统中，孕育出儒家、道家、墨家思想理念，人们觉得理所当然，而像《管子·轻重》篇所阐发的经济学思想，仿佛是一种异类，许多学者质疑这部书，认为不可能是先秦的作品，认为在那个时代不可能产生相对成熟的经济学思想。其实这类思想一直存在，这是社会经济生活运作的反映，只是长久为儒家文化所压抑，成了异类。在春秋和战国的历史中，我们常能见到一些特别能干的角色通过某些

[①] 以上相关内容均参考李勉《管子今注今译》，台湾商务印书馆2013年版；李山、轩新丽译注《管子》，中华书局2019年版。

机巧的手段改变历史，如犒劳秦军的弦高、神秘的陶朱公，还有吕不韦，他们都是商界的翘楚，那时的他们并非异类。就目前已知的文献看，"士农工商"的提法，虽然最早出自《管子·乘马》，但是在那里，四种基本的谋生职业似尚无地位等级的差别。后来在大一统集权社会中，市场部分失效，商人的地位就变得低下。

前文已经说了，学界基本认为《管子》非管仲或管仲时代作品，为何后人要把与"轻重"相关的篇章放入《管子》书中？还是因为管仲在经济和市场运作方面有两下子，否则同样是讲好齐国的故事，为何不纳入《晏子春秋》中？同时也说明，在战国的中后期，市场经济已相当发达，因此有了有关货币、贸易、市场调节的理念和相应的理论阐述。

孔子说："不以兵车，九合诸侯。"不仅是说管仲不依靠霸凌手段来对待其他诸侯国，也意味着他不一味用强力手段来管理齐国。虽然有人把管、商同归为法家代表人物，但是管仲和商鞅在治理国家的取向上可谓背道而驰。《商君书》的治国策略是强国弱民，"故有道之国，务在弱民"。《管子》的识见是："政之所兴，在顺民心。政之所废，在逆民心。"由于普通的百姓关注的是日常的经济生活，所以优秀的当政者必然会悉心研究"轻重"之策，以安邦治国。

太史公也服膺管仲

太史公在其《史记》中写了七十列传，记载的都是历史上的牛人，有的是以立德立言闻名，有的是靠打打杀杀崭露头角，独独《货殖列传》有点另类。这是一篇气魄浩瀚而又精细的超长传记。说其浩瀚是因为在这篇列传中记载了先秦到汉初多钱善贾的八九位大商人（如范蠡、子贡等）的传奇人生，描述了华夏大地上百业兴旺、色彩斑斓的经济生活。在这些日常世俗生活中，读者能感受到一个民族的勃勃生机，这是在战乱频仍的间歇中顽强显露的勃勃生机。说其精细，是因为在文中开列了大量物产的清单："夫山西饶材、竹、谷、纑、旄、玉石；山东多鱼、盐、漆、丝、声色；江南出楠、梓、姜、桂、金、锡、连、丹沙、犀、玳瑁、珠玑、齿革；龙门、碣石北多马、牛、羊、旃裘、筋角；铜、铁则千里往往山出棋置。后文又道："巴蜀亦沃野，地饶卮、姜、丹沙、石、铜、铁、竹、木之器。南御滇僰、僰僮。西近邛笮、笮马、旄牛。然四塞，栈道千里，无所不通，唯襃斜绾毂其口，以所多易所鲜。天水、陇西、北地、上郡与关中同俗，然西有羌中之利，北有戎翟之畜，畜牧为天下饶。"接下来还有罗列，就不一一例举。

有研究者认为，司马迁在《货殖列传》中表达了自己的经济思想，那就是经济发展有其自身的规律，不要从外部进行人为的干涉，另外他也反对重农抑商的政策，有藏富于民的主张。或可说，太史公的经济思想多少是受管仲影响的。因为在《货殖列传》中，他提及管仲是如何继承了姜太公在黄海之滨发展经济和商贸的事业，使得齐国的国运蒸蒸日上的，在《管晏列传》中则称管仲："既任政相齐，以区区之齐在海滨，通货积财，富国强兵，与俗同好恶。"显然都是褒扬的口吻。特别"与俗同好恶"一句，表露了太史公对于俗世的日常经济生活的高度认可。笔者以为太史公如果不是继承家族的史官职业，只要环境允许，没准会成为空前伟大的经济学家。

比较微妙的是，在《货殖列传》中，太史公将孔子的两位高足，即发了大财的子贡和穷困潦倒的原宪，作了对比，一个是"结驷连骑"（拥有四匹马拉的豪华马车），一个是匿于陋巷。然后又道："夫使孔子名布扬于天下者，子贡先后（相助）之也。"也就是说子贡以其财力光大了儒家的门楣。而这位子贡就是当初向孔子问仁，请教如何来评价管仲的那一位。也许在仲尼之门羞言"五伯"的人群中，子贡是另类的，他属于书要读好，钱也要挣到的那一类人。可能他早年想的就是以管仲为楷模，要务实，搞点钱以赞助师门。那样，师父一定会说"如其仁，如其仁！"

一毛不拔，千古杨朱

在战国诸子百家中，像杨朱之学这般极端主张个体利益，倡导及时行乐的学说，可谓独树一帜。儒家、墨家等诸家所倡导的社会伦理是从群体出发的，自开天辟地，尧舜禹汤一路下来构成了宏大叙事。圣王治世，奸佞宵小害世是历史的主旋律，普通的小民只有整体的存在价值，没有个体！杨朱则从人生的切身感受出发，看重个体生命的质量，强调个体的享乐为人生第一要义，不为名声所累。杨朱哲学在那个时代真可谓空谷足音。

早先知道杨子,是他放言:"拔一毛而利天下,不为也。"几十年过去,我对杨子的印象就停留在"一毛不拔"上。杨子名气很大,但是很蹊跷,却没有留下什么著述。关于他的思想或者某些观点,后人基本是道听途说得来。这"一毛不拔"也是孟老夫子的转述,在其他的一些著述中,如《庄子》《荀子》《韩非子》《吕氏春秋》《淮南子》等,只有他的片言只语,似能从中窥见他的一些思想理念,但是均难见到完整一些的阐释。即使在遍观百家的司马迁的著述那里,也查无此人。以至民初的一些学人,包括蔡元培等,甚至怀疑杨朱是否真有其人。

在先秦的典籍中,提及杨子最多的是《列子》的《杨朱》篇,该文记述的是杨朱的行状、言论及与此相关的故事,这些故事是有关杨子的寓言。既然是寓言,体现的是作者的寓意,其中有多少是杨朱本人的观点是颇可追究和商榷的。

《列子》中除了《杨朱》篇,其他的篇目如《黄帝》《仲尼》《力命》《说符》等也多有提及杨子。列子像是杨朱的崇拜者或粉丝,否则一共留下八篇文章,不会让杨子占那么多篇幅。不过《列子》这本书本身的真伪大受关注,即使列子有其人,但是否有其书呢?或者说晋人张湛作注的那本《列子》,是否真是列子那个时候流传下来的?这些,下文将稍作梳理,这里要紧的是先说说《杨朱》篇中人们最关心的话题。

"一毛不拔"有下文

关于一毛不拔的典故,《杨朱》篇里说得比较完整。

杨朱曰:"古之人损一毫利天下,不与也,悉天下奉一身,不取也。人人不损一毫,人人不利天下,天下治矣。"[①]这段话的意思,就是大家管好自己,既不用老想着为天下作贡献,也不要想着从中谋取利益,天下就太平无事。

禽子(有说是墨家的大弟子禽滑釐)是个很顶真执着的学生,于是问道,若果以先生的一根毫毛来救济天下,先生是否愿意呢?杨子的回应简明而清晰:"世固非一毛之所济。"意思是这世界上哪有这等便宜的买卖,以一毛发就能换来太平。想想也是,能做到拔一毛利天下的大概只有孙大圣,不过那时孙悟空还没有出生,有人推算从唐僧初见孙悟空算起,往上推五百年,也还是到不了战国的年份。不过,禽子仍穷追不舍:如果真能做到拔一毛而利天下,先生您同意吗?杨子大概觉得孺子不可教也,就没回应他。

禽子一头雾水,出得门来就请教孟孙阳,孟孙阳告诉他,你没有理解老师的意思呀,我来打个比方,如果割下你的皮肤,

[①] 见白冶纲译注《列子译注》,上海三联书店2014年版。以下所有《杨朱》篇引文均出自此书。

去换万两黄金，你肯吗？禽子说，愿意啊！孟孙阳继续问道：如果用你的一截身体来换取一个国家，你干不干？这回，禽子沉默了好一会儿。于是孟孙阳开导他，大致意思是不要因为毛发细微而轻视它们，身体就是由所有这些细微的部分包括毛发累积而成。禽子没有反驳孟孙阳，思忖片刻便说，如果以你的说法来请教老聃和关尹子，那么他们会赞同你的看法，若以我的说法来询问大禹和墨翟，他们则肯定同意我的看法。至此，有关一毛不拔的对答告一段落。

讨论虽然画上句号，但是激起的余波涟漪不断，大约是禽子等人没有弄懂杨朱思想的精髓所在，仍纠结于为何连拔一毛利天下这等大功利之好事都不为，再加上孟子的断章取义，于是杨朱就成了极端自私自利之人。

所谓"损一毫利天下，不与也，悉天下奉一身，不取也"，起码表明杨朱既不想利天下，也无意损天下以肥己。也许在他看来，这个世界本来太太平平，之所以弄成眼下（战国时代）这番乱糟糟的局面——兼并杀伐不断，血流漂杵，生灵涂炭，就是那些渴望建立功业的人所造成。所以他反对将个人的行为与"利天下"挂钩。既然天下是所有人的天下，人人自律便可，大家何苦都争着抢着要为天下作贡献（动机可疑）？只要每个人都管理好自身，那么天下就长治久安了。所以也不存在拔一毛利天下的问题，况且这个世上根本就没有这种便宜的交换。

杨朱与禽子的一番交谈，可以看作是针对墨子而来。据钱穆《先秦诸子系年》考证，杨朱年代晚于墨子，墨子出生在孔子卒后十年左右，而杨朱辈则"较孟轲惠施略同时而稍前"，由此也许可揣摩出这"一毛不拔"思想产生的历史语境。

拿杨朱的理念和墨子的思想来对比，是很有趣的！一个认为只要能做到"人人不损一毫，人人不利天下，天下治矣"，一个则倡导兼爱，"若使天下兼相爱，则天下治"。两者针锋相对，却都是单一逻辑，相互对驳，一定热闹非凡。所以孟子会说："杨朱、墨翟之言盈天下。天下之言，不归杨，则归墨。"孟子的说法不乏夸张之辞，但是在人类思想进程中，这两股思潮的交锋是必然要跨越的阶段。

一般会认为墨子的兼爱是过于理想化的社会治理方案，很难达成。其实这杨子的"人人不损一毫，人人不利天下"更难做到，因为作为一个社会人，必然要和周围的人打交道，并与之产生复杂的利益纠葛。极端的利天下或不利天下状态或许只能在严格的实验室条件控制下完成，人在自然缤纷的环境中不太可能真正做到独善其身。因此杨朱的"一毛不拔"尽管耸人听闻，但从来没有可能成为一种现实生活的选择。亦即杨朱的"为我"和墨子的"兼爱"之争只是对立的思想和理念的交锋，并非在现实生活中有相应的团体争锋。说得再确切一些，墨翟的理念尚有苦行僧般的墨家子弟传承，而杨朱的理念背后并无践行的群体。其时，大致是儒墨分庭抗礼的时代，百家争鸣的鼎盛时期尚未到来，而孟子之所以杨墨并提，以钱穆先生的看法,"非孟子之尊杨,乃其所以轻墨也"。即孟子为贬低墨子而顺手拈来杨子做陪衬。钱穆通过一番考证,为自己的说法提出了理由:"夫以儒墨为显学,此举世之言也,亦历久之言也。"而孟子的杨墨并称,只是"一人一时之言",不足为训。(《先秦诸子系年·杨朱考》)

享乐四件套

当然,禽子心目中的楷模是大禹和墨子。这两位圣人日夜操劳到"腓无胈,胫无毛"的地步,可敬可赞,我们达不到这般高尚境界,难道损伤一根毛发都不舍得吗?不过禽子大致知道,杨子虽然倡导为我,但不是那种功利主义者的"为我"(即衡量了投入和产出之后的为我),而是从心所欲、顺其自然的为我。所以他把杨子和老子、关尹子归作一路人。后人把他们统统并入道家。然而,即便算作道家,道家与道家也是有区别的。应该说杨朱主要不是因为道家而著名,而是以其独树一帜的个人享乐主义理念为后人所诟病或津津乐道。

梁启超就曾经把老学分为五派,即哲理派、厌世派、纵乐派、神秘派、权谋派,他把杨朱则算作纵乐一派。梁启超的这种划分似乎不太严谨,其实厌世派也罢,纵乐派也罢,他们都是哲理派,即他们都宣扬厌世哲学或享乐主义哲学。从已有文献看,杨朱并不富裕,他曾经和梁王(魏国国君)单聊,梁王略带讥讽地问道,先生有一妻一妾不能治,三亩之园不能芸,怎么说起治理天下就易如反掌呢?(估计那时杨朱家贫,没本领治家,想通过"治天下"或"利天下"来谋取利益,所以他自己心知肚明"人人不利天下,天下治矣"的内在逻辑。)这里说他并不富裕,是想说他并没占有多少社会资源,不像是纵情享乐的践行者。他只是在讲述人生苦短、及时行乐的人生哲理。

杨朱说道:人生至多不过百年,少年懵懂、老年昏聩,就几乎占了一半时间,病痛、忧愁、失望等又占去剩下时间的一半,余下的好时候也就十数年。而这十多年的时间中,怡然自得、无所牵挂的日子恐怕也难得有那么几日。正因为人生短暂,所以杨子说:"故从心而动,不违自然所好,当身之娱非所去也,故不为名所劝,从性而游,不逆万物所好,死后之名非所取也。"转换成现今时髦的话语就是,以自己喜爱的方式过完一生的人,才是真正的人生大赢家。

杨子他还拿孔子的两个弟子原宪和子贡举例作对照:这两个弟子一穷困一显达,且以贫富差距太大而著名,以至于几百年之后,司马迁在其《史记》中仍反复提及。杨子说道:"原宪窭(贫困)于鲁,子贡殖(经商)于卫。原宪之窭损生,子贡之殖累身。""然则窭亦不可,殖亦不可,其可焉在?可在乐生,可在逸身。故善乐生者不窭,善逸身者不殖。"杨朱的意思是,太贫困有损健康,固然不好,但是整天忙忙碌碌做生意挣钱,也不快活。

同样是对照举例，司马迁的态度就不一样。在《仲尼弟子列传》中，显达后的子贡去陋巷看望原宪，见到老友一副邋遢的样子很不屑，就问道："你病了？"原宪对答道："吾闻之，无财者谓之贫，学道而不能行者谓之病，若宪，贫也，非病也。"弄得子贡很尴尬，一辈子忘不了自己言语的过失。不过太史公就是太史公，他在《货殖列传》中换了一种视角，在对比"结驷连骑"的子贡和"匿于陋巷"的原宪后说道："夫使孔子名布扬于天下者，子贡先后（相助）之也。"也就是说是子贡以其财力光大了儒家的门楣，而不是那位清高耿介的原宪。这里表明，司马迁对待不同的事物有不同的尺度：在人格上肯定有道者，在社会的功用上肯定财富的力量。

话题还是回到杨朱上，尽管他倡导的快乐人生由"从心而动""从性而游"而来，即各人有各人的价值取向，但是他对人生的享乐是有界定的，那就是"丰屋，美服，厚味，姣色"这四件套。他说："有此四者，何求于外？有此而求外者，无厌之性。无厌之性，阴阳之蠹也。"也就是说，在有了以上四个方面之后，再有所求，那就是贪得无厌了，由此导致阴阳失调，律吕倒错，一切都会颠倒。作为现代人或许会探究，这丰屋、美服、厚味、姣色要到什么样的程度，才算达标？在此，杨朱没有答案，也不可能有什么标准答案，物质享受是水涨船高的事情。况且古代的生产力水平低，少有更新换代，在物质生活的追求上与今天消费社会没有可比性。

这里杨朱所谓"有此而求外者"中的"求外",是特指追求名声,追求由名声而获取的相关社会地位。我们可以想象,在战国时期有一大批游士穿梭往来于各国之间,成为诸侯座上宾,有的说仁义,有的讲兼爱,有的论刑名,有的谈法术,有的推合纵,有的道连横,以迎合人主心理,博取声名以及声名背后的社会地位和经济利益。杨朱未必不知晓许多人追求声名就是为了追求丰屋、美服、厚味、姣色,或者为了保住已到手的一切优渥待遇,所以说道:"今有名则尊荣,亡名则卑辱。尊荣则逸乐,卑辱则忧苦。忧苦,犯性者也;逸乐,顺性者也,斯实之所系矣。"说到底,追求名声就是为了顺其本性,要逸乐,不要忧苦!

其实杨朱也曾在追求功名前程上下过功夫,前文提及他见梁王也大致是这类情形,梁王嫌其修身齐家尚未妥帖,何言治国平天下?杨朱的回答是:"鸿鹄高飞,不集洿池,何则?其极远也。黄钟大吕,不可从烦奏之舞,何则?其音疏也。将治大者不治细,成大功者不成小。"从这一段对答可见,杨朱也是一等一的说客,为了做成"利天下"这笔买卖,为了地位名声也是拼了。

但是——这里有但是——如果为了名声而违背自己的本性,累坏了身体,就把事情弄颠倒了:"守名而累实,将恤危亡之不救,岂徒逸乐忧苦之间哉?"也就是说,追求名声要适可而止，不能豁出"实"这个最根本的要害。笔者揣测杨朱最后大约是知难而退，所以没有留在魏国的体制内做官。他假借鬻子的话说："去名者无忧。"就是说要不为名声所累，不要贪图虚名，才能无忧无虑、逍遥自在地享清福。

快乐的普世价值

杨子看重生命的逍遥自得，反对虚名。这虚名不是如今天在某某学会和协会挂个虚职，也不是在名片上印上不怎么相干的一大串唬人的头衔。对于他来说，那些伟大的名头，如圣贤之名，都是虚妄，他甚至拿虞舜、大禹、周公、孔子来与夏桀、商纣作比，认为前者终身劳累。有的"四体不得暂安，口腹不得美厚"（虞舜）；有的"子产不字（来不及给儿子起名字），过门不入，身体偏枯，手足胼胝"（大禹）；有的恐惧流言，"诛兄放弟，仅免其身"（周公）；有的"穷于商周，围于陈蔡，受屈于季氏，见辱于阳虎"（孔子）。他们虽然都"死有万世之名"，却是"生无一日之欢"。相比之下，真不如夏桀、商纣来得惬意实惠，这两位暴君一生"恣耳目之所娱，穷意虑之所为"，且"居南面之尊，威无不行，志无不从，肆情于倾宫，纵欲于长夜，不以礼义自苦"。杨朱最后总结道："彼四圣，虽美之所归，苦以至终，同归于死矣。彼二凶，虽恶之所归，乐以至终，亦同归于死矣。"即以享乐主义的观点看，虞舜、大禹、周公和孔子徒有虚名，实际上在日常生活中一点也不快活，不仅不快活，而且在身心两方面都备受摧残。而夏桀、商纣尽管恶名昭著，遗臭万年，但是活着的时候却享尽了人间的各种福分。

对于杨朱来说，死后的声名如同空气，看不见摸不着，所以要抓紧生命的短暂时刻，活出精彩人生。他说："十年亦死，百年亦死，仁圣亦死，凶愚亦死。生则尧舜，死则腐骨；生则桀纣，死则腐骨。腐骨一矣，孰知其异？且趣当生，奚遑死后？"这里除了宣扬及时行乐的思想，他还强调人死后的无差别，即无论生前如何彪炳显赫，有丰功伟绩，或者恶贯满盈、罪恶滔天，死后同是腐骨，同归于尘土。幸好杨朱在此只是叹人生苦短，要及时享乐，尚未鼓励人们去作恶。

一些学者认为《列子》诸篇是晋人伪作，不过单从《杨朱》这篇看，不像是晋人所作，因为魏晋时期佛学已兴盛，然而在此文中，有关佛教的因果报应的观念，或轮回的说法了无痕迹，似作恶可以毫无忌惮。况且以上还不算是文中最惊世骇俗的言论。在《杨朱》篇中，最耸人听闻的是子产和他兄弟之间的一段对话。

子产是春秋时期的著名政治家，仅花三年时间就将郑国治理得井然有序，国泰民安。然而治得了国，未必齐得了家。子产的两个兄弟很是让他头疼，他们一个嗜酒，一个好色。好酒的公孙朝家里聚酒千钟，积曲成封。当他畅饮兴致高涨时，任它天塌地陷，家国的安危、亲朋之远近、水火兵刃交于前，都不在关注之列。至于好色的公孙穆，自家后院的几十间屋子里全是各处选来的窈窕女子。当他耽于美色时，和所有的家人、朋友暂不往来，日夜淫乐，三个月才露面一次。子产觉得自己连两个兄弟都管束不了，很没面子，于是和邓析子商量办法。邓析子建议以"性命之重""礼义至尊"去开导他们。哪料到子产还没有说几句，就被两位兄弟驳回。意思是你说的那番人生的大道理，我们早就清楚，也早就作出自己的选择。人来到世上不易，说不定哪天就挂了，所以要及时行乐啦。如果仅仅为了得到人们的夸耀而假装尊重礼义，为了博取好名声而压抑自己的情性，还不如干脆死了算了。最后，这两兄弟又对子产说道，你的那一套道理可能只在郑国行得通，我们的想法"可推之于天下"。子产被他们驳得哑口无言。事后邓析子听说了，就对子产说，你和真人生活在一起却不了解他们呀。

此寓言把子产的兄弟说得如此荒淫无稽，是想把某些道理推到极致，以肯定食、色等欲望在人生的价值取向中是最基本要义。其实如此酒色过度，根本无享乐可言，也与前面"悉天下奉一身，不取也"的说法相违背。然而，真正的享乐必然要落在感官享受上，就如杨朱一上来就摆出的丰屋、美服、厚味、姣色这四件套。

不过，以上这则寓言最显识见和智慧之处，在于其假借子产兄弟之言，称子产的道理只"可暂行于一国"，自己的想法则"可推之于天下"。也真说对了！因为在差不多同时，西方有伊壁鸠鲁的快乐主义思潮崛起。

  伊壁鸠鲁的快乐主义可以看成对苏格拉底、柏拉图等理性主义哲学的反拨,伊壁鸠鲁的名言是:"快乐是幸福生活的开端和目的,因为我们认为快乐是首要的好,以及天生的好。我们的一切追求和规避都开始于快乐,又回到快乐,因为我们凭借感受判断所有的好。"①伊壁鸠鲁的快乐主义理论,既强调感官的首要性,同时又站在伦理的制高点上,认为快乐即善。他说:我们认为快乐是首要的和适宜的善,由此可以继续一切选择和避免,我们可以返回作为感觉标准的快乐……(诺尔曼·李莱佳德《伊壁鸠鲁》)

  然而,伊壁鸠鲁的快乐主义虽然从感官出发,却没有纵欲的倾向。他说:"没有任何快乐本身是坏的,但是某些享乐的事会带来比快乐大许多倍的烦恼。"与杨朱的丰屋、美服、厚味、姣色四件套不同,伊壁鸠鲁定义的快乐生活"离不开理智、美好和正义",他认为我们如果缺乏了其中的一样,就"不可能过上快乐的生活"。伊壁鸠鲁倡导快乐主义,但自己并非感官生活的享乐者(这似与杨朱相近),他一生的时间几乎都花在教学和写作上,由此,他倡导的快乐生活指向心灵的宁静与和谐,是"身体健康和精神安宁"(《伊壁鸠鲁》),并非如一些曲解者

---

① 见伊壁鸠鲁、卢克莱修《自然与快乐》,包利民等译,中国社会科学出版社2004年版。

所言，只追求声色犬马、口腹饕餮之乐。不过，尽管东西方享乐主义的内涵有所不同，但是不得不说《杨朱》篇道出了儒墨两家均忽略的人性命理，即追求快乐具有普世价值。

"增益"与伪书

杨朱大概也是述而不作的主，所以没有著作传世。《杨朱》篇大致类似于孔子的《论语》，可能是弟子和传人所追记。但是无论从篇幅还是内容看，都比《论语》单薄多了。杨朱是诸子中的一个特例。诸子之中，有的著作不传，思想也随之湮灭；有的尚有著述留世，但是没有产生什么大的影响力。而杨朱因其思想的独树一帜而屡屡为后人所提及，尽管在《史记》中，司马迁对杨子视而不见，也没有提及列子（很可能就是因为太史公没有见着杨朱和列子的文本，觉着写下来不太靠谱）。

但是，杨子的思想还是辗转流传下来了。所谓流传下来，包含两层含义。一是成为批判对象，其作为歪理邪说，与儒家等正统思想相对照，如扬雄在《法言》中批评"庄、杨荡而不法"，又称："古者杨墨塞路，孟子辞而辟之，廓如也。"就是要划清儒学与杨学的界限，深恐"杨言"惑众。二是有所褒扬，肯定其明哲保身的一面，剔除其纵情酒色的内容。如《吕氏春秋·慎势》篇称："老聃贵柔，孔子贵仁，墨翟贵廉，关尹贵清，子列子贵虚，陈骈贵齐，阳生（杨子）贵己，孙膑贵势，王廖贵先，儿良贵后。此十人者，皆天下之豪士也。"就是肯定杨朱思想的，并列出了思想影响力TOP10的排行榜。以至于后来者认为《吕氏春秋》的《本生》《重己》《贵生》《情欲》《尽数》《先己》等诸篇的内容都与杨子的学说相关联，称之为"准杨子书"。①

与《吕氏春秋》相前后，韩非在其《显学》中说道："今有人于此，义不入危城，不处军旅，不以天下大利易其胫一毛。世主必从而礼之，贵其智而高其行，以为轻物重生之士。"其实，韩非笔下的这位高人形象就是杨朱。于是，我们在战国末期看到了贵己、轻物重生的杨子，也在汉代早期看到了"全性葆真，不以物累形"的杨子（《淮南子·泛论训》）。亦即杨子作为一种学说的创始人，前后是有所蜕变的，变得越来越顺天道而重养生，顺性而为，以物养性，有了浓重的道家气息。因此，后人在阐述杨朱时，不怎么从纵情享乐着眼，或可说将其放纵欲望的一些说法掩盖起来，而是强调其重生、贵己，"全性葆真，不以物累形"的一面。

也许将杨子和道家最早联络起来的是庄子，《庄子·应帝王》和《庄子·寓言》篇均有阳子居（杨子）见老聃（老子），并求教于老子的片段。杨子晚于老子一百多年，和老子在历史上

---

① 参见顾实《杨朱哲学》，岳麓书社2011年版，第115页。作者认为，这些篇章极言以节制情欲为养生者，亦适得其反也。

应该是没有交集的，当他们在庄子笔下相遇时，阳子居就自然加入了老学的队伍，壮大了老学的阵容。

杨子的学说，说是纵情享乐也罢，是全性葆真也罢，或者养生与放浪并重也罢，其鲜明的特征就是贵己。用现在的话来说就是个人主义。如果说现代意义上的个人主义是由洛克所倡导的个人的自然权利演变而来，并伴随着西方民主制度的形成而崛起，它是旧体制解体后人们身份平等的产物，强调个人自由，自我支配，自我控制，以及与此相应的政治权利和经济利益。那么杨朱的个人主义就是从人的本能出发，从感官的惬意出发的。他说，耳之所欲闻者音声，目之所欲见者美色，鼻之所欲向者椒兰，口之所欲道者是非，体之所欲安者美厚，意之所欲为者放逸。如果这些欲望都能得到满足，人生哪怕只有一天、一月、一年、十年，都算是正经活过，否则长寿百岁、千岁、万岁，也是枉然。可谓振聋发聩。战国后期虽有诸子百家（班固《艺文志》录诸子共189家，那是经秦火后的幸存数，实际上可能更多），但是直言及时行乐的独此一家。按理，享乐是人类的本能，无论哪家哪派都知晓"食色性也"，然而各家均讳莫如深。儒家所强调的仁义或礼仪，墨家的兼爱或尚俭等都是从社会伦理着眼，规范个人行为的，构成了宏大叙事。即从开天辟地，三皇五帝下来，一部历史就是圣贤制服凶顽、圣贤斥退宵小的历史，普通的小民只有整体上的存在价值，没有个体！更别说法家，在他们眼里，人主的权力高于一切，臣民都是工具。

　　一般认为，理性具有普适性，而感受则是偏于个人性的，不足道哉。但是杨朱偏偏看重个人感受，看重个体生命的质量，认可个体权利的普适性，他的观点是那个时代的空谷足音。

　　谈论杨朱，不能不说说《列子》，因为《杨朱》篇就在《列子》书中。《列子》书的真伪是学界的一个公案，争论尤为激烈。说到作伪或伪书，古人和现代人的看法不同，现代疑古思潮意义上的伪书是彻头彻尾的作假。如认为古文经全部是刘歆等人伪造，以配合王莽篡权，拥立新朝；认为《列子》可能是东晋张湛一手炮制，甚至他连刘向的《列子新书目录》文也一并伪造。如果说刘歆造假尚有动机，那么张湛呢？花如此大的功夫作伪，动机何在？

　　宋人叶大庆在其《考古质疑》一书中对于《列子》有疑问处，则用了"增益"两个字，如列子怎能"预书"一百多年后的公孙龙的行状？显然有些部分是后人加入进去的。这增益也许并非出于造假目的。古代的书与现代不同，书于竹帛，一卷卷，一捆捆，一摞摞，不小心堆放在一起，一两代人之后，就很难分辨了。据说汉武帝时，丞相公孙弘建议民间献书，"百年之间，书积如山丘"，许多先秦未被焚毁而幸存下来的典籍，堆积混杂在一起，需要整理和校勘，工作量巨大，错讹难免。

　　这里不得不说刘向功勋卓著，除了本人著作等身，他个人还花了十九年时间整理、校勘、编定了数百种书籍，并为此写了内容摘要上递朝廷。有说《汉书·艺文志》中所录的六百余种书目，基本是刘向、刘歆父子所过手的书目（见钱存训《书于竹帛》，上海书店出版社2002年版）。我们所见的《列子》就是刘向从一堆有关列子的文本中挑选出来的。"校除重复十二篇，定著八篇"，这增益的部分已经是百分之一百五十了。有所增益就必有所减损，刘向做的就是减损的活儿。估计《列子》还算是容易应付的，比较难以想象的是他校雠《管子》书时，竟从五百六十四篇中挑选出八十六篇，先不说有多大的工作量，光是这五百多篇文章堆放在一起，无论是竹简、木牍还是缣帛，体量就不小，付出的体力劳动的量也相当可观。

当然，刘向校雠古籍不是要考订真伪，只是把大量的重复的文本"校除"而已，就如司马迁写《五帝本纪》，也清楚三皇五帝的系谱有多种传说，相比较而言，他选择了《大戴礼》中的说法，算是"择其言尤雅者"。因为这毕竟来自宰我记述的孔子的言说，相比较而言要靠谱一些，自己也不用再作深考。因为考订两千年之前传说的真伪，实在是没有相应的条件。再说，各种口传史就是历史，古人保存下来的各种文献，也是历史！或可说一部古书的鱼龙混杂，往往不是因为某个精明的人作假牟利，而是源于在流传过程中融合了许多自相矛盾的内容，亦即在流传过程中的抄录、衍生、混杂和窜入，这与个人精心炮制作伪，不是一个概念。

然而《列子》书中，虽然有增益的内容，但是到刘向手里，大体告一段落。有识者依据《列子·说符》篇中，出现"放生"这类佛学概念，疑其是魏晋人作品。但是《杨朱》篇显然不是。其放浪不羁的思想内容，只有在最开放的百家争鸣的时代才会涌现，且其时尚未有佛学因果报应的思想阴影和负担。再说，对于感官享受的肯定是人们与生俱来的自然要求，有关享乐主义观念的表达应该在人类早期的思想交锋中，在人类思想的轴心时代，破土而出，何至于要延迟到魏晋年代才冒头？另外从文风看，其言夸诞，大量运用寓言，是那个时代最流行的文风，《庄子》在这方面最有代表性。而刘向对《列子》文风的评价则是"迂诞恢诡"四个字。另外，从思想进程看，《杨朱》篇虽然有关于"名"与"实"的思考，但其尚在思辨的初始阶段，有人将其归于名家文本，实际上这篇文章没有进入逻辑学辨析的层面，它只是想强调名声是虚空的，人生的快乐和享受是最实际的内容。故从其思辨的层次看，相当于百家争鸣早期的思想水平，与后来魏晋人达到的深度还是有一段距离。

种庄稼需要土壤，思想的生长也要土壤，享乐主义理念似在中土两千年的其他时段里无处安放，它应该产生在百家争鸣的大时代。自由的空气就是各种思想生长的最好养分。

关尹子释道

关尹乃是一个神秘人物,据说先有关尹子强留老子著书,后遂有《道德经》问世。关尹子也是我中华阐释老子第一人,他以水、火、木、金、土五行释道,推进了先秦的思想进程,拓宽了思辨和形而上学的进路,为魏晋玄学的登场作了思想上的铺垫。

落笔关尹子，是迟疑了一些时日的。在诸子中，他实在是冷僻了一些。不过说起诸子百家，人们常常提及的也就三五子而已，许多"子"们都湮没在历史的尘埃之中了，何止关尹子。话虽这么说，具体到个人，情况又各有不同。如杨朱和邹衍，曾经名声颇显（李白怀才不遇写诗吐槽，常常提及邹衍），但是他们的著述不传，后世谈论起他们就如同盲人摸象，只能就手头获取的那一点零星的文献材料来揣摩他们的思想。

关尹子则是另一种情形。最为人津津乐道的是，当初老子见周朝衰落，无可救药，遂骑青牛西出函谷关。其时，关守尹喜见紫气东来，知晓有异人将至，就此拦住了老子，焚香顶礼后，恳切希望老子留下一些著述。《史记·老子韩非列传》记载关尹对老子言："子将隐矣，强为我著书。""于是老子乃著书上下篇，言道德之意五千余言而去，莫知其所终。"据说不仅老子的去向成谜，关尹紧随老子"俱游流沙"，最后也"莫知其所终"。（《列仙传》）另有一说，他归隐于武当山。其人虽然莫知所终，但是却有《关尹子》九篇著述传世，所以《列子》《庄子》《吕氏春秋》《淮南子》中都有他的身影。刘向校雠《关尹子》九篇，曾为此作序，班固的《艺文志》中也有相关记载。表明他也多少"显赫"过，影响力一直持续到东汉。再后来，官修正史中就忽然不见《关尹子》踪迹，其直到南宋才浮现，今本《关尹子》就来自南宋，有学者生疑，认为此乃后人伪托之作。不过怀疑归怀疑，关尹子在道教的门派里正经算是一位大人物，在元代，他被追封为文始真人,所以他的著述成为道教的经典文本《无上妙道文始真经》,这是老子《道德经》之后,道教最重要的法门之一。神乎其神的说法是,《文始真经》揭示了道教练功的丹法要旨——以虚无为本,以养性为宗,为丹法中最上一乘。

以五行释道

道家学说中贵己、养生、明哲保身的观念,在道教中慢慢演化为炼丹修仙、长生不老之术。不过《关尹子》九章中有澹然自清、以物养性的内容,却并无炼丹服药、羽化登仙之术。本文讨论《关尹子》,一是关注其在思想观念上对道家学说的贡献;二是更想说说《关尹子》在华夏早期形而上学和思辨能力发展方面的特殊地位。

如果说老子率先提出"道"作为这个世界的本原的话,那么关尹子就是这一形而上学观念的最早的呼应者和阐释者。今天的学人在应对形而上学的命题时能驾轻就熟,这是数千年文化积淀的缘故。人文肇始之初,情况就完全不同。老子当初说出:"有物混成,先天地生。寂兮寥兮,独立而不改,周行而不殆,可以为天地母。吾不知其名,强字之曰'道'。"真可谓石破天惊。老子自称强名之曰"道",不仅表明老子首创了这个哲学概念,估计当时的形势颇有点孤掌难鸣。我们来看看几乎同时期,古希腊人在探讨类似的问题时的见解。他们或认为世界的本原是水(泰勒斯），是气（阿那克西美尼），是火（赫拉克利特），是原子（德谟克利特），或者是水、气、火、土的综合（恩培多克勒）。亦即他们虽然在讨论形上学的命题，但是却倾向于寻找一种自然界的物质来承当本原，所以古希腊早期哲学也可称为自然哲学。只有毕达哥拉斯学派认为世界万物的基质是数，没有数就没有事物之间的关系和一致性，就没有秩序和规律。因此，数是事物的实体和根基，一切其他东西都是数的表现。看来这"数"差似于"道"。

幸好老子遇到的不是古希腊哲人，而是关尹子。说心有灵犀也罢，说一拍即合也罢，总之关尹跟定了老子，以宣扬"道"为己任。由于道既见不到也摸不着，所以《老子》五千言中，直接阐释"道"的文字并不多，所谓玄之又玄，众妙之门。关尹子则从各个方向上逼近道，释道，解道，但是并不"破门而入"。

《关尹子》九篇一上来就表明道是无处不在的，亦即关尹子不讨论这个世界上到底有没有道，既然老子说有道，那么这个宇宙就是由道构成的，无须怀疑（从词源上看，"道"最初的含义是指道路，引申为取道和经过等）。所以在首篇《宇》中，他对老子的"道可道，非常道"展开哲学意义上的阐释："非有道不可言，不可言即道；非有道不可思，不可思即道。"（不是说道不可言说、不可思索，这不可言说、不可思索的本身就是道。）又说："观道者如观水，以观沼为未足，则之河，之江，之海，曰：'水至也。'殊不知我之津、液、涎、泪皆水。"（观道就好比观水，一般人观小池塘中的水并不满足，要观看江河乃至大海，其实水是最根本的，在哪儿都一样，自己的津液、口水、眼泪也都是水呀。）

　　这里比较有趣，如果关尹子不是遇到老子，而是先遇到类似泰勒斯这样的哲人，会不会倾向于说水是万物的根本呢？既然能用水来比喻道，那么能不能用土来解说道呢？果然，紧接着土就来了，关尹子说："一陶能作万器，终无有一器能作陶者、能害陶者。一道能作万物，终无有一物能作道者、能害道者。"（陶土可以制造出上万种器皿来，但是没有一种器皿能制造出陶土，或者妨碍到陶土。同样，一道能演化出万物，却没有一物能演化出道来，或者妨碍到道。）再后来，我们应该猜到，水火木金土这五个元素都会成为道家的阐释对象。关尹子曰："无爱道，爱者，水也；无观道，观者，火也；无逐道，逐者，木也；无言道，言者，金也；无思道，思者，土也。惟圣人不离本情，而登大道；心既未萌，道亦假之。"也就是说，道就在金木水火土之中，只有圣人能够借此登大道。不过即便如此，"道终不可得，彼可得者，名德不名道；道终不可行，彼可行者，名行不名道。圣人以可得、可行者，所以善吾生；以不可得、不可行者，所以善吾死"。亦即在关尹子那里，圣人最终也不能占有道，圣人修行，只可以得到"德"或"行"，只能以此来善待自己，或者以此来参悟自己的生死大限。[①]

[①]　参见朱海雷编著《关尹子·慎子今译》，浙江大学出版社2012年版。以下有关《慎子》的引文，均出自此书。

然而，道虽然先于天地而存在，不为人所控制，但是大道却须由心灵来感悟，因此关尹子在其《鉴》篇中称："我之一心，能变为气，能变为形，而我之心，无气无形。知夫我之一心，无气无形，则天地阴阳不能役之。"又说："意有变，心无变；意有觉，心无觉。惟一我心，则意者，尘往来尔，事者，欻起灭尔，吾心有大常者存。"（以上两段话的大意是万物由心生，而心也如道一样是看不见、摸不着的。人的意念是经常变化的，世间的事物也是起起灭灭，但是心不会受影响，它是恒常的道的处所。）在《筹》篇中又说："即吾心中，可作万物。盖心有所之，则爱从之；爱从之，则精从之。盖心有所结，先凝为水，心慕物，涎出；心悲物，泪出；心愧物，汗出。"这里所说的"心"，不是解剖学意义上的心脏或大脑，也不仅仅是意念或意识，似乎接近于现代哲学概念的主体。关尹子或许是华夏最早探讨道与心之关系的哲学家，我们现在所说的主体和客体的关系，已经隐隐约约包含在他的一系列阐述中。

道不远人

老子作为道家的开创者，论及道，言语简约，寥寥数语或数十言。关尹以宣道为己任，故推而广之，下笔就是数十言或上百言。他从各个方面、各个角度来窥视道、描述道，展示道的不同形态，可谓费尽心力。道家学说在战国期间的广为传播，看似自然而然，是因为这一学说自身的魅力，其实有关尹的大功劳。是他上下左右全方位的阐释，巩固了道的地位，以至于儒、墨、名、法诸家都不同程度地吸纳了道的概念并加以运用。当然，各家所言的道的概念在内涵上不一定相同，但是在理念上应该是相近的。

例如被称为儒家独门心法的《中庸》，就称："子曰：'道不远人，人之为道而远人，不可以为道。'"（道就在人们身旁，人自作聪明所行的道，反而使得真正的道远离了自身，道就不能作为道了。）这里的"道"，似乎就是老子所言之道，也是关尹子所阐发的道。我们还发现《中庸》和《论语》虽然都是在传播孔子的思想学说，但是《中庸》就比《论语》多了许多有关"道"的表述，可窥见作为儒家传人的子思的思想变化。

再若被称为名家代表的尹文子，据说是稷下学派的著名学者，他流传至今的文章，被后人收入《大道》篇。该篇起首即言："大道无形，称器有名，名也者，正形者也。"基本是驾轻就熟。读者以为尹文子拉开架势，想深入论道，但是后面的内容似乎与起首没有太大关联，尹文子所关注的是"名""法""权""术"，整篇文章只是戴了道家的帽子而已。其时道家学说风行，成为一种时髦，为一众士人所攀附。因为和儒家、墨家或法家相比，道家显得洒脱、逍遥，不受世俗的礼仪和规范的约束。

然而洒脱的另一面是，道家不怎么关注具体的社会问题，目光高蹈，只落在天人之际，所以荀子说"庄子蔽于天而不知人"，实际上这也是对一班道家学者的批评。这里所谓"不知人"，指的就是道家学说不考察复杂的社会关系中的人的行为，只把人当作单纯的自然人来理解。应该说荀子的批评一针见血。然而话说回来，道家学说产生的历史条件就是小国寡民的农耕社会，自给自足的自然经济不需要人们处理纵横交错的社会关系。道家的理想社会形态是指向过去的，是指向初民社会。道家倡导的"无为"在某种意义上就是减负，减少社会关系的种种纠葛，即从日趋复杂的社会关系中脱身出来，直面最本真的自然天地。而在上者的"无为而治"就是顺其自然，不与民争利，不干涉自然经济的运作，说到底也是尽量减缓社会矛盾。

其时，道家的思想学说的广为传播和影响力也能从《吕氏春秋》和《淮南子》等著作中体现出来。以上两部文献虽然由个人署名，但被后人看作杂家著述，即这两部书是由众多士人和门客共同完成的，且融合了或者说混杂了儒、道、墨、法、阴阳、农家和兵家的各种观念学说，不过在其中，有关道家思想的内容占了很大篇幅。特别是在《淮南子》中，道家学说占据了主导地位。为此，有些研究者专门分析了《淮南子》的作者成分和篇目的安排，认为《淮南子》虽然由刘安主持，但是其作者是由两部分人构成，一部分人尊奉道家，另一部分人则是儒家信徒。但是其中的道家学者人多且更强势一些，由此，道家思想观念在整部书中占据很大篇幅。书中大量引录老、庄之言，故梁启超称：“《淮南鸿烈》为西汉道家言之渊府。”由此，我们可以想见，从战国末年到汉初这百多年间，信奉道家学说的士人真不在少数。

说起道家思想的传播，人们首先会想起庄子。庄子气场大，想象力超群。如果说杜甫是"读书破万卷，下笔如有神"，那么庄子的神助就是翱翔于天地之间的想象力。他"寓言十九，重言十七，卮言日出"，任何话题在他笔下均显得生动有趣，从鲲鹏到蜗蚁，任何思想观念在他文中都能化为充满机锋的故事。当然，有时难免出现买椟还珠的现象，读者只记得故事，漠视其背后的寓意。庄子的文风，或者说先是孟子，接着是列子和庄子的文风，笼罩了战国中后期的文坛，即叙述某种理念时必然要讲一个故事或编一个段子，故事是某种理念的通行证。只有荀子是例外，他的思辨能力和论说能力，能够引导读者步步推进，无须外假寓言。也许荀子不怎么善于编寓言（与孟子或庄子相比），也许他清楚寓言往往有其独立的含义，不受既定的理念支配，更何况有些故事编得文不对题。说荀子是例外，是因为荀子生活的年代就在这种寓言文体风行的时期。而关尹子就不算是例外，因为关尹生活的年代是春秋末期或战国初期，那时尚未有这种文风，所以关尹论道是直线切入。他没有像庄子那般通过寓言或重言来扩展道的领域，也没有如更后来韩非的《解老》《喻老》那样，通过寓言来读解老子的文字。他就是用形而上的文体来应对形而上的思考，用思辨的力量来面对思辨的命题。

思辨的力量

说起百家争鸣，人们首先想到的是观念之争、观点之争、立场之争，其实我们还应该看到思辨力量之进展。

所谓思辨，虽然依据一定的经验和材料，但是由于它借助某些基本概念和逻辑推理运作及其抽象性，我们将其看作一种相对纯粹的思维。人类的这种思考能力也是逐步递进的，并且在形而上学的命题中得到发展。黑格尔说："一个有文化的民族如果没有形而上学，就像一座庙，其他各方面都装饰得富丽堂皇，却没有至圣的神那样。"[1]先秦诸子的辉煌之处，就在于其展示了早期国人在形上学方面思考的深度和广度。而在诸子之中，道家学说比其他学派似更胜一筹，故道家学说提供的思维框架和相应的路径，为当时许多士人所接受。也因此，从战国后期到汉初，我们能看到道家的许多思想观念渗透到诸家之中，广为流行。其中，《关尹子》是推进形而上思辨的重要读物，为日后的魏晋玄学的出现，作了思想基础上的铺垫。关尹子是老子之后，将"道"作为实体来阐释的第一人，并且开拓了形而

---

[1] 参见黑格尔《逻辑学》第一版序言，商务印书馆2001年版。

上学的某些领域。在他上万言的文字中，最常出现的主旨有：（一）道既无处不在，又无处寻觅或难以把握；（二）道独立于天地而存在，必须由心来参悟；（三）将人的精、神、魂、魄和水、火、木、金、土五行说对应起来，认为它们是回环相生的。以现代哲学来看，如果说其第一个主旨关涉本体论，第二个主旨关涉认识论，那么第三个主旨则是道家学说特有的养生论。

应该说，在道家学说演变为道教的过程中，正是养生论起到了关键的作用。而《关尹子》则开先河。譬如在《符》篇中有称："吸气以养精，如金生水，吸风以养神，如木生火；所以假外以延精神。"接着文章又以敲鼓来作譬："鼓之形，如我之精；鼓之声，如我之神；其余声者，犹之魂魄。知夫倏往倏来，则五行之气，我何有焉？"关尹子的逻辑是：道借由水火木金土五行来体现，而生命之存在又是五行之气所养育。由此，可以说关尹是由孕育天地之大道到生命之养育的一整套形而上话语或话术的最早参与者，并为此构建了雏形，因此他被日后的道教奉为文始真人。至于道教的炼丹服药、符咒打醮，是具体的操作手段，与关尹子等的理念虽然有一定关联，但是在取向上却是相悖的。因为关尹子虽然注重养生，他的思想中却无长生不老的贪念和法力无边的妄念。他说："人之厌生死，超生死者，皆是大患也。譬如化人（一般人），若有厌生死心，超生死心，止名为妖，不名为道。"也就是说，早期的道家人物如关尹（包括杨朱在内），对明哲保身或全性葆真与长生不老是作明确区分的,前者为道,后者为妖。也表明,在春秋末期就有哄骗人的妖术假借道学而行世。

其实,区分道学的真假,只需看看其对形而上学的问题有无认真思考即可。继关尹子之后,《列子》《庄子》等著述中均有对天地人生的种种思考,并且看淡生死,看淡富贵名利。亦即道家一方面重己贵生,另一方面对生死大限有深刻认识。他们的思维方式和思维逻辑决定了他们追随大道而顺其自然,不会步入追求长生不老之术的末路。

如果说现代科学进展来自实验和实证,依据的是实践的路径,那么形而上学的进展,遵循的是思辨的路径。《关尹子》的路径就是把无形的大道,通过水火木金土与生命联系起来,而这水火木金土既然是某种物质,有其物质方面的特征,又有形而上学的特征,五行的相生相克理论就是在形而上思辨过程中建立起来的范式。人们在形而上思辨过程中也有某种欲求,即试图将天地万物联系起来,这就为日后的"天人感应"的学说的出现作了铺垫。原本在道家学说中,或者说在老子那里,是没有"天人感应"的观念的,因为老子言"天地不仁,以万物为刍狗",就是这个意思。关尹子继承老子而来,称:"天无不覆,有生有杀,而天无爱恶。日无不照,有妍有丑,而日无厚薄。"也是同样的观念。但是,在老子和关尹子那里,读者也能读到不少关于道、天地、人之间相互关联的种种说法。特别是关尹子将道扩展到水火木金土,又落到人的精神魂魄上,于是在《吕氏春秋》中,我们就见到了"天人感应"的说法。

一般而言,学界将"天人感应"说归在董仲舒名下,其实其在《吕氏春秋》中就有了雏形。[①]《吕氏春秋》将一年四季分为十二个节气,又以十二纪来讲述"治乱存亡"的道理,此所谓"上揆之天,下验之地,中审之人",以"知寿夭吉凶也"。由于《吕氏春秋》内容非常庞杂,对于怎么看待这部书,学界有不同的说法。如冯友兰在《吕氏春秋集释序》中认为:此书"形式上虽具系统,思想上不成一家"。只是肯定了其中囊括了"先哲遗说,古史旧闻,虽片言只字,亦可珍贵"。同样,在《吕氏春秋集释》的另一篇序文中,刘文典则称此书"斟酌阴阳、儒、法、刑、名、兵、农百家众说,采撷其精英,捐弃其畛挈,一以道术之经纪条贯统御之,诚可谓怀囊天地,为道关门者矣"。亦即在刘文典看来,《吕氏春秋》虽然众采各家,但还是有一以贯之的理念,那就是道家的理念。相比较诸子各家,应该说在道家学说中,形而上学的话语最为系统完整,所以在理论上统率其他各家学说时,障碍要小一些。

关于形而上学的问题,亚里士多德的探讨最为深入,当他把人类的活动区分成经验和技艺时,这技艺大致就在形而上学范畴之内,并且他发展出著名的四因说。亚里士多德处在人类

[①] 有学者认为《吕氏春秋》中的某些观念来自邹衍的五德终始说。只是《邹子》一书已失传,无法验证。

文明的轴心时代,揭示了人类对于形而上学的冲动:"显然我
们必须寻求原初的原因的知识,因为只有在我们认为我们认识
了事物的第一原因时,我们才说我们认识了该事物。"(《形而
上学》)不过,尽管西哲、东哲都在追寻第一原因,但形而上
学思维不是同质的,而是各有进路。古代西方文化或可称为两
希文明,其核心是古希腊的人文形而上学和希伯来的宗教形而
上学。中国古代的道家学说则是人文形而上学,后来才引出道
教的宗教形而上学。董仲舒虽然独尊儒术,乃儒家传人,并且
倡导以礼乐来教化民众,但是其"天人合一"的思想来源,可
谓近接《吕氏春秋》,远溯《关尹子》。特别是他五行相生相胜
(克)的理论,源自《尚书·洪范》,经《关尹子》演化而来,不
仅重新调整了五行的次序,由原先的水火木金土一变为木火土
金水,而且阐释得十分烦琐复杂,令人目眩。不过,总算是构
建了一环扣一环的"天人感应"的完整系统。

《关尹子》是伪书吗

若果认可关尹在思想史上有一定的贡献,则绕不过手头这
本《关尹子》的真伪问题。学界历来有不少人认为出自南宋的
今本《关尹子》乃是一本伪书,理由有二:一是自《汉书·艺
文志》中提及此书后,《关尹子》在后来的岁月中消失了,在
官修正史《隋书》的《经籍志》和《新唐书》《旧唐书》的《艺

文志》中了无踪影，突然在千年以后，出现在宋人孙定手中，甚为可疑；二是认为今本《关尹子》的思想和表述似佛教或江湖术士用语，可能是晚唐或五代的方士所为。

笔者以为，即便今本《关尹子》是伪托，我们仍不能否定关尹的影响力，因为从先秦到汉初的各种文献中都有对关尹的叙说，记载得明明白白。不过这样一来，关尹就成为传奇人物，如在《列子》中，关尹是一位箭术宗师，教列子如何射箭，并且将治国理政、修身养性和射箭的道理相贯通，算是一绝。另外，汉武帝令人抄没淮南王刘安的家产时，刘向的父亲得到《关尹子》一书，刘向视为秘籍宝典，为此作序并奉献给汉成帝，此事也颇有雅趣。倘使这里讨论了半天的《关尹子》，居然是后人伪托之作，终究是一件憾事！

然而事情并非如某些文人学者所想当然的，《关尹子》因在汉以后不载于史书，就从此湮灭，其实此书一千多年间并未完全销声匿迹，除了东晋葛洪为之作序，称此书："何如此之尊高，何如此之广大，又何如此之简易也！洪也，幸亲受之。"唐代著名道人吴筠亦有《高士咏·文始真人》：

> 文始通道源，含光隐关吏。
> 遥欣紫气浮，果验真人至。
> 玄诰已云锡，世荣何足累。
> 高步三清境，超登九仙位。

这起码表明，生活在唐代中期的吴筠是拜读过《文始真经》的。由此可以揣测，《关尹子》九篇作为典籍，在道教的圈子里一直流传，并未绝迹。官修正史不载，不等同于该书从此失传。

另外，从文体和某些词语来判别一本书的真伪，也有许多陷阱。因为古籍在流传过程中，经过多人的辗转传抄，未免有所"增益"，有所窜入，有错漏，也有衍生，但是只要其整体面貌尚存即可。不能以某些词语显得突兀，不像是战国年间的用语来否定全书。由此，笔者以为，判定今本《关尹子》为伪书的两条理由并不十分严谨。除此之外，倒是有证据表明今本《关尹子》的源头比较靠谱。

这里不能不说说《庄子·天下》篇，该文被称为最早的中国学术史论著，文章在评点先秦各家学说时，颇为精妙。提及道家学说时称："以本为精，以物为粗，以有积为不足，澹然独与神明居，古之道术有在于是者，关尹、老聃闻其风而悦之。"注意，这里将关尹置于老聃之前了。可见关尹一度也是网红级别的人物。最为关键的是接下来一段，文中所引用的关尹语录竟与今本《关尹子》基本相同，"关尹曰：'在己无居，形物自著。其动若水，其静若镜，其应若响。芴乎若亡，寂乎若清。同焉者和，得焉者失。未尝先人，而常随人。'"（不恃物自居，让自然万物自由发展。动时如流水，静时如明镜，反应如回响，恍惚如无有，寂静如清虚。相同则和谐，贪得便有失。从不争先而常顺随别人。）亦即《庄子·天下》篇的这段引文就在今本

《关尹子》的第三篇内容之中,二者只有两字之差。且这段引文与《关尹子》的其他段落,在文体风格上也没有什么明显差别,当得起"浑然一体"之语。

若一定要说《关尹子》是伪书,作伪者思虑周密,将《庄子》的内容事先引入,也是一种逻辑。著名学者余嘉锡曾疑《列子》为东晋张湛伪作,然而《列子》的许多内容见于西晋张华的《博物志》,于是他认为《博物志》亦可能为伪作[①],与上是同一种逻辑。

中国思想史上,魏晋时代迎来了形而上学的高峰,后人称之为魏晋玄学。所谓玄学就是道家学说在魏晋时代的扩展及其所呈现的形态。有研究者论述了《列子》书中的理念在玄学发展史上的重要地位,认为今本《列子》是魏晋人在古《列子》的断简残篇基础之上重新编集的[②]。其实无论《列子》书成于战国,还是魏晋,都能见出它和《关尹子》思想上的"亲缘"关系,难怪《吕氏春秋·慎势》云:"关尹贵清,子列子贵虚。"由清而虚,由虚而到魏晋年间的"贵无""崇有"之争,这是中国早期形而上学演化的一条进路。

---

① 参见霍达《一个西晋学者的知识世界》,载《读书》2023年第6期。
② 见任继愈主编《中国哲学发展史(魏晋南北朝)》,人民出版社1988年版。

白马非马 公孙龙

公孙龙的"白马非马"已经走到了现代逻辑学和语言学的边缘,特别是他的《指物论》已经领悟到人们对于现实和世界的认识,依赖于语言的命名,如再向前一步,或许就是人类认识的一大步。然而由于历史的局限,以公孙龙等为代表的早期名家学者囿于名实关系的探讨,过于"苛察缴绕",使后世文人望而却步,有些学人则视其为"诡辞"。中国的逻辑学和语言学研究两千年间止步不前。

公孙龙是一个很有故事的人。

当然在诸子中，这样的人不在少数，像老子、孔子、关尹子、墨子、庄子等，都被鲁迅写进了《故事新编》。其中，庄子的故事最多，因为庄子自身就是一个会编故事的大师。他说："饰小说以干县令（以机巧的辞令来求名声），其于大达亦远矣。"似可戏说为只会写小说的人，能"混"一个处级干部当当，就是当不了更大的官。不过庄子从来没有当大官的念头。公孙龙和庄子不一样，他不以编故事著称，而是以能言善辩博得大名，并且因"白马非马"而名垂千古。

高举"偃兵"大旗

钱穆在《国史新论》中将战国时代命名为"游士社会"，此可谓形象生动。盖因社会生产力有了一定的发展，不用人人在家"打螺丝"，诸侯国也养得起士人，所以士人在诸侯国之间游弋穿梭，各显其能，甚至进入各国权力中枢，顺便也做做"利天下"（杨朱语）的买卖。所谓战国四公子如信陵君（魏国）、孟尝君（齐国）、平原君（赵国）、春申君（楚国）都是以养士而天下闻名，孟尝君门下竟号称有食客三千。公孙龙既然是六国著名辩士，自然会被招徕，他就寄宿在平原君的门下。诸侯养士有什么具体功用是很难说的，士人大都"不治而议论"，未必有实用价值。不过倒是可以使人主博得招纳贤士的名声，这

127

和千金买马骨是同样的道理，并且说不定哪个节骨眼上就派上用场了。

例如，秦国和赵国空雄会盟时曾有协议，秦国有事，赵国要相助，赵国有难，秦国要帮忙，有点合作不封顶的意思。不多久，秦国兴兵伐魏，赵国却试图救魏，秦国不乐意了，派使者来交涉：既然约定"秦之所欲为，赵助之，赵之所欲为，秦助之"，为何秦伐魏赵反而救魏？赵王很尴尬，这时公孙龙通过平原君出主意，意思是赵国亦可派使者赴秦国宣称：赵国想帮助魏国，"今秦王独不助赵，此非约也"。一下子就解了赵王的围。（见《吕氏春秋》）

还有一个故事，说的是公孙龙陪同梁王外出狩猎，看见一群白雁，梁王赶紧弯弓搭箭之际，正巧有行人路过，梁王叫停行人，但是行人未止步，结果惊吓了雁群。于是梁王大怒，对着行人就想射，一旁的公孙龙连忙上前阻止。梁王呵斥道，你怎么不帮着我而向着他人？于是公孙龙说出了一番大道理："昔齐景公之时，天大旱三年，卜之曰：'必以人祠（祭祀），乃雨。'景公下堂顿首曰：'凡吾所以求雨者，为吾民也。今必使吾以人祠，乃且雨，寡人将自当之。'（今天如果要以人来作祭品，老天才肯下雨，那么就让我来承当吧！）言未卒而天大雨方千里者，何也？为有德于天而惠于民也。"今主君以白雁之故而欲射人，无异于虎狼。这一通说辞，总算让梁王醒悟了，他回到城里和大家说道："幸哉，今日也！他人猎皆得禽兽，吾猎得善

言而归。"于是众人高呼万岁！（见刘向《新序》）

　　用现今的标准来衡量，公孙龙是一位和平主义者，有正义感，反对强暴，能站在弱势群体一边。他虽然口舌锋利，但是既不说合纵，也不道连横，无论在赵惠王还是在燕昭王那里，他都倡言"偃兵"，疾呼和平，反对战争！诸侯在他面前也都表示自己很热爱和平，只是很难做到呀。公孙龙指出，他们根本就没有诚意，无论是赵惠王还是燕昭王，都只是一心想着扩展自己的领土，热心招募善于打仗的勇士。嘴上说的是一套，实际做的是另一套。这一番话说得他们哑口无言。这些都记载在《吕氏春秋》的《审应览》里，颇靠谱。因为《吕氏春秋》成书于公元前239年前后，大约在公孙龙去世十年之后，是年代最为接近的文献。

　　应该说，公孙龙是生错了时代，在战国打打杀杀的年代要求诸侯放下屠刀，简直是缘木求鱼。然而正是因为战乱频仍，民不聊生，才会有"偃兵"的种种呼吁。墨子论"兼爱"和"非攻"，孟子则高举仁义的大旗，讲王道而"小五伯"，就是反对诸侯之间用战争、霸凌和欺诈的手段。不管最后他们的理念有没有得到广泛传播，有没有产生实际效果，怜悯苍生的声音却一直回响在华夏大地，值得后人致敬！

帮忙又帮闲

说公孙龙生不逢辰,还因为他是逻辑学方面的天才,可惜其时无人呼应,别人只拿他当辩士和说客,所以留下的许多故事只是关于他如何善辩或者是诡辩的。也许,超前的思想和理念被曲解,就是前驱者的命运罢。

公孙龙作为平原君的门客,有帮忙的时候(如空雄会盟后出的主意),也有帮闲的时候,这就是表演辩才。诸子百家时代,说客盈门,游士纷至沓来,由于个个能说会道,平原君也乐意让天下辩手和公孙龙一较高下,以观赏智力游戏。想必辩论中败在公孙龙手下的名士不计其数,只是没有被记载下来。那时无录音机,也没有速记技术,写毛笔字实在是赶不上公孙龙等的唇枪舌剑的速度。

但是也有例外,就是孔穿和公孙龙的一场辩论,被记录在《公孙龙子·迹府》中。孔穿是孔子的孙子的孙子的孙子,自恃智商在线,情商也高,所以一上来想不战而屈人之兵。他对公孙龙说:"素闻先生高谊(义理高深),愿为弟子久,但不取先生以白马为非马耳。请去此术,则穿请为弟子。"那意思就是他早就想拜公孙龙为师,只是不能苟同"白马非马"之说,如果公孙龙放弃这一论点,就愿意做其弟子。公孙龙秒回应:先生之言悖也,我之所以闻达,是因为这白马非马之说,如果让我放弃此说，就没有什么可教你了，那你想跟我学什么呢？再说，你让我放弃白马论，就等于是你先教导于我，然后再以我为师，这于理也说不通呀。接下来公孙龙又说，我的白马非马也是受启发于您的先祖孔子，因为当初孔子和楚王交谈时，就区分了"楚人"和"人"的概念呀。孔穿被驳得无以回应。[①]

关于公孙龙和孔穿的辩论，留下了好几种说法，有好几个版本，如在《迹府》中就重复出现了两次，内容上大同小异。似表明辩论现场有不少围观者，好几个人都做了记录。

由于公孙龙辩术高超，思维超级敏捷，打遍天下无敌手，很可能有点无聊，笔者揣测，可能是他的弟子看师父如此厉害，就帮他出了许多论辩的题目来摆擂台，如"鸡足三"啦，"牛羊足五"啦，"臧（母羊）三耳"啦，很是骇人听闻。总之没有人能辩得赢公孙龙。具体的辩论过程没有流传下来，只知道平原君事后问孔穿，昨天公孙龙是否特别能辩？孔穿回答，是呀，他的雄辩几乎能让母羊长出三只耳朵来。我想请教您平原君，他说羊有三只耳朵，论辩难度大而又不符合事实，我说羊有两只耳朵，论辩不费力气且符合事实，不知您是赞同我的符合事实的说法呢，还是他的不符合事实的说法呢？平原君不回应，第二天对公孙龙说，以后就别和孔穿辩论了。关于这段故

[①] 见黄克剑译注《公孙龙子》，中华书局2012年版，以下有关《公孙龙子》的引文，皆出自此书。

事,《吕氏春秋》就说到此处。从以上语境推测,大致是公孙龙和孔穿由白马非马一直辩论到羊有几只耳朵。

千年之后,司马光在完全不了解具体论辩过程的情况下,觉得要说些什么,于是在其《资治通鉴》里多加了一段话:平原君关照公孙龙说,你别再和孔穿论辩了,"其人理胜于辞,公辞胜于理,辞胜于理,终必受诎(冷落)"。所谓辞胜于理,就是有点诡辩的意思。司马光尽管智慧超群,少年时就以"砸缸"闻名天下,但是对于公孙龙所开拓的逻辑命题不感冒,也没有兴趣涉足"白马非马"所开拓的逻辑学和语言学领域,紧跟着又写下了洋洋洒洒的一段文字:

> 齐邹衍过赵,平原君使与公孙龙论白马非马之说。邹子曰:"不可。夫辩者,别殊类使不相害,序异端使不相乱。抒意通指,明其所谓,使人与知焉,不务相迷也。故胜者不失其所守,不胜者得其所求。若是,故辩可为也。及至烦文以相假,饰辞以相惇,巧譬以相移,引人使不得及其意,如此害大道。夫缴纷争言而竟后息,不能无害君子,衍不为也。"座皆称善。公孙龙由是遂诎。(《资治通鉴·周纪三》)

邹衍是稷下学宫的领军人物,他到赵国,被尊为上宾,到燕国,燕昭王亲自拜他为师,宠显尊礼,无以复加。故司马光假借邹衍之言,进一步说明了自己的态度,大意是论辩是为了把疑惑的问题梳理清楚，使得辩论双方都能有所收获，而不是更加迷惘困惑。如果只是用华丽辞藻来使人信服，用巧妙的比喻来偷换概念，且言不及义，这样就会有害于根本的大道，不值得提倡。一般而言，司马光所说的道理固然没错，但是具体到公孙龙而言，司马光忽略了其在抽象思维方面所作的努力、探索。很可叹息的是，不仅司马光，那个时代的相当多文人学士在没有仔细琢磨公孙龙著述的情形下，就否定了公孙龙，认为他所说的一套，无非"诡辞"而已，用荀子对名家的批评，就是"好治怪说，玩琦辞"。

更悲催的是，后来演化出了公孙龙骑白马蒙混过关的故事：说是赵国的马匹得了瘟疫，秦国在函谷关设卡，不让赵国的马匹通过。公孙龙骑白马而来，未被放行，于是，一通激烈的白马非马的辩论，把关守绕晕，公孙龙居然闯关成功。这样一来，公孙龙不仅是为了达到目的不择手段的人，而且还是一个很不道德的人，是传播瘟疫的罪人。当然这种说法找不到靠谱一些的出处。前文已经说过，公孙龙是一个很有正义感的士人，见义勇为，明辨是非，岂能做如此下作的事情？！

"白马非马"没有错

现在该说说"白马非马"了，一切的事端都起于它，弄清楚了白马非马，那么所谓羊有三只耳朵、鸡有三足、牛羊五足都迎刃而解了。以我们一般的理解，马不一定是白马，白马肯定是马。因为"白马"在"马"的概念的外延之中，而"马"不在"白马"概念的外延之中。亦即"马"的概念的外延比"白马"大，它涵盖了白马。在日常生活中，人们对此不会有太大的误解。然而，公孙龙在《白马论》中以主客双方的问答，绕了很大的一个圈子，想说的是，"白马"的概念不同于"马"的概念，仅仅就这一点而言，今天我们中有一些逻辑学常识的人都能接受。也就是说，我们不必沿着公孙龙辩论的思路走，也能明了这是两个互相区分的概念，尽管其内涵有重叠的部分。

然而，在那个时候，想说清楚马是马，白马是白马，这是两个不同的概念，却不容易。因为人们还没有学会纯粹的概念辨析，常常会将实物拿来作参照，就像我们在孩提时期，弄明白二加二等于四，可能要用上手指来帮忙。那么公孙龙说清楚了没有？基本上是说明白了，尽管说得很绕，又是黄马、黑马，又是有色、无色，其推理颇严密。所以，荀子尽管批评名家的辩士们巧舌如簧、"欺惑愚众"，也不得不承认"其持之有故，其言之成理"。不过，如果守关人换成荀子，那么，任你说得头头是道，推理上也没有什么破绽，但是白马就是马，绝不能让你骑过函谷关。

公孙龙不仅说白马，也说"离坚白"，他是通过概念辨析的方式，将石头的坚硬的质地和白的颜色区别开来，又将石头、坚硬、白色三个不同的概念区分开来，即坚硬的未必只有石头，石头未必是白色的。感觉在"离坚白"上，公孙龙未受到什么质疑，因为这对我们日常的经验和常识没有构成严重的挑战。那句人们一直引用至今的名言："石可破也，而不可夺坚；丹可磨也，而不可夺赤。"估计就是受公孙龙"离坚白"的启示而发。不过，后世的哲学家认为，公孙龙在这个问题上多少挑战了前辈惠施的"合同异"的观点。其实离也罢，合也罢，是同一种思维过程的两个面，有点康德所说的分析判断和综合判断的意思。现今看来，这是抽象思维中比较初级的问题，不会给我们带来什么困惑。

话题还是回到白马非马上，既然我们理解中，公孙龙的核心观点是说：白马的概念，不同于马的概念。为何一些著名的现代学者，仍然说公孙龙的说法是"诡辩"呢？他们肯定不缺乏现代逻辑学知识呀！笔者在翻阅相关资料时，发现还有一些现代学人在首肯了公孙龙在逻辑学方面贡献的同时，还是认为他在白马论中偷换了概念。其实问题并没有出在概念的偷换上，或者说恰恰是因为遵循概念的同一性，公孙龙才坚持"白马非马"，问题的关键所在，是在有些人的头脑中概念被替换为具体实物。弄清楚这个问题，我们不仅要掌握逻辑学，还应该请现代语言学来帮忙，索绪尔的语言学能提供解决这个问题的钥匙。

史上一般把邓析子、惠施、公孙龙等称为名家，所谓

"名",大致是"循名责实"的意思,当然这是非常笼统的说法,细说起来,名家有正名说,有刑名说,等等。然而要处理名实之间的关系,必然要步入逻辑学和语言学的领域,再说在思辨过程的推进中,也往往要不同思想和观点之间的碰撞论辩来助力,所以名家学派中多有辩士。惠施就是一个大辩士,他和庄子辩"鱼之乐"也是不亦乐乎!

不过,在中国古代的名实论中,名和实形成一个二元对立的结构,名指向实,名和实一定要对应起来,就如公孙龙在《名实论》中所说:"夫名,实谓也,知此之非此也,知此之不在此也,则不谓也。"如果名实不对应,那就应该纠正。不过,什么是名?什么是实?公孙龙并没有作进一步解析,从公孙龙的《指物论》和《名实论》等文本看,"名"既可是称谓,是命名,也可指某个概念,而"实"既可以指实物,也可指某一对象或现象,由此常常导致在辩论过程中,把纯粹的概念和实物或具体的现象混淆在一起,纠缠不清。所以司马谈在《论六家要旨》中称:"名家苛察缴绕,使人不得反其意。"即名家的论辩或阐述过于迂回缠绕,以至到后来使人弄不清他们到底想说什么。

索绪尔语言学的问世,多少帮我们理清楚了其中的问题。即当我们把"名"作为语言符号看时,它可以分成两个部分:"能指"和"所指"。例如"马"这个语言符号,其"能指"是马的读音或书写,"所指"则是人们头脑中的关于马的概念,而不是指一匹具体的马。也就是说与能指对应的是概念,而不是实物。这里，索绪尔强调："语言符号连结的不是事物和名称，而是概念和音响形象。"(《普通语言学教程》)其实在我们的日常交流中，许多概念是没有实物对应的，例如"勇敢""怯懦"等等。当然我们可以说勇敢、怯懦是某种实有的品质或现象，然而"道可道"中的"道"，佛教词语中的"小千世界""中千世界""大千世界"等，既无现象也无品质。它们纯粹是概念而没有对应物，也就是说，它们是有名而无实的对象。

索绪尔语言学的贡献正在于将语言符号分成能指和所指，并指出符号和实物的关系是参照关系，是指涉关系，而不是对等关系，即符号不是直接表示某物（当然，在具体的语境中有例外，因为在交流的语境中，人们很可能是就指涉的具体事物或实物而言的），特别在逻辑推理过程中，往往如此。再进一步，在人们对形而上学的思考中，有名无实的情形是常态，即只有概念而无实物可参照。明白了这一点，许多困惑就能迎刃而解。

从逻辑上说，无论马的概念和白马的概念在内涵和外延上有多大的重叠，它们终究是两个不同的概念，所以"白马非马"仅仅在概念中被确立。然而在实物环境中，白马就是马，这是日常生活中的常识。无论函谷关的守卫有没有文化，学没学过逻辑学，或者是否辩论得过公孙龙，都不可能放他过关。

词与物的距离

　　公孙龙骑白马走到了现代语言学的边缘。特别是他的《指物论》提出的"非有非指者，物莫非指也"，已经领悟到人们对于现实和世界的认识，依赖于语言的命名。如再向前一步，或许就是人类的一大步。然而，从《名实论》《指物论》要一步跨到有名无实论或有名非实论，谈何容易？思辨能力的发展有一个过程，需要一些有识之士的共同努力来推进。福柯曾写过一本很有影响力的著作《词与物》，描述了人们的语言指物、认知过程和表述现实之间的关系，并认为这种关系是一整个观念系统的产物，也是知识型的体现。并且，一个时期有一个时期的知识型，如文艺复兴时期知识型、古典知识型、现代知识型。中国战国时期的知识型或可看成由春秋延续而来的名实论的知识型，因此，公孙龙等的思辨在进程上虽然有所突破，但仍然受到时代的局限。

　　其时，许多人将公孙龙这类思考看作无稽之谈，一心想着修身齐家治国平天下的儒生更是鄙夷这类烧脑的辨析，认为这些论辩毫无实用价值。也许公孙龙自己也觉着无聊，所以玩起了概念游戏，在他的《通变论》中，出现了"牛羊足五，鸡足三"的说法，意思是鸡脚有鸡脚的概念，鸡左脚有鸡左脚的概念，鸡右脚有鸡右脚的概念，加在一起是鸡足三。笔者怀疑，以公孙龙高超的智力何以玩起这类拙劣的智力游戏，是不是公孙龙的弟子鹦鹉学舌？比较有意思的是，对流传的诸多子书，后世学者均有质疑，不是说这部书乃伪书，就是说那部书为后人所"增益"，就是无人质疑《公孙龙子》中亦有伪托和增益。在《汉书·艺文志》中，公孙龙尚有十四篇著述传世，今本《公孙龙子》只剩六篇。其中第一篇《迹府》似是公孙龙与孔穿论辩的现场记录，其余五篇都归在公孙龙名下。其实公孙龙弟子不少，保不齐"牛羊足五""鸡足三"等说辞就是他的弟子把学习过程中一些琐细的、仅仅是为了说透问题的内容，也当成老师的金科玉律记录了下来的结果。

说起公孙龙的弟子，也有佳话。公孙龙的弟子个个有一技之长，一位衣衫褴褛者求见公孙龙，愿意拜在他门下，自荐其特长是嗓门大。公孙龙问自己的弟子："门下故有能呼者乎？"对曰："无有。"于是就使其入弟子籍。某日，公孙龙带领一帮弟子去燕国游说偃兵，到黄河渡口，恰逢船在河对岸，尽管河面辽阔，但那位大嗓门弟子一声呼喊，就解决了问题。虽然弟子众多，可惜能够和公孙龙深入探讨逻辑学问题的人，或许凤毛麟角。因为在《公孙龙子》各篇中，作者基本是自问自答，不像在《论语》中，孔子回答的是弟子的五花八门的问题，而许多问题都集中在什么是"仁"上。就"仁"而言，弟子的问题没有边际，孔子的对答也是因人、因具体语境而异，有的从行为的角度回应，有的从心理和动机的角度解答，有的则从社会功利的角度释疑，没有统一的逻辑贯穿。

那么从整体讲，是不是国人在逻辑思维方面偏弱？那也未见得。起码在惠施、庄子、公孙龙时代，名家辈出，亦有墨家子弟在这方面所作的艰辛探索。西晋的鲁胜认为，惠施和公孙龙的学说就是祖述《墨经》而来。再后来，名家后继乏人，断了香火，因此自然无人质疑《公孙龙子》为后人伪托之作。秦代焚百家书在前，汉代独尊儒术随后，中国两千年的君主宗法制下，逻辑学缺少生长的土壤。且不说在朝廷上是威权大于真理，在天高皇帝远的地方，宗法制社会讲究长幼尊卑、祖宗之法，也抑制了逻辑学方面的追求。小辈和长辈交谈，学生向老师请教问题，首先是要端正态度，至于逻辑上是否合理则无关紧要。而形式逻辑又是六亲不认的，逻辑判断的对错与社会地位、年龄均无关。因此西谚有"吾爱吾师，吾更爱真理"。再则，名学（逻辑学）似没有什么实用价值，上不能安邦定国，下不能解决吃饭问题，由此不受学界待见。李泽厚等曾经将以儒家为主导的中国思想内核概括为"实践理性"，亦可称实用理性或经验理性，以区别于思辨理性。公孙龙就恰恰被分到那一边了，也只能骑着白马在主流思想的边缘彷徨。

道术为天下裂

《庄子·天下》篇开中国两千年学术批评之先河，将先秦诸子中主要门派的特点逐一勾勒，加以品评。这种格局恢宏、俯瞰各家的气度是此前上百年学术争鸣的结晶，也是因时因势而成。文章除了对墨家和道家等有所描述，还对当下人们不怎么熟知的宋钘、尹文子、彭蒙、田骈、慎到、惠施等的思想学说做了评述，为后世留下了珍贵的学术资料。

《庄子·天下》篇读起来是有点令人惊异的,不仅是因为该篇的文风与《庄子》书中诸篇不同,而且因其文章立意超凡,视野宏阔,能吸纳八面来风而化之。战国后期,百家林立,道术为天下裂,各家不能相通。而《天下》篇则能将其中主要门派的特点逐一勾勒,成为中国最早的学术史著述,可谓卓绝。章学诚《文史通义》称:"战国之文,其源皆出于六艺。"这一概括过于笼统粗犷,起码这《天下》篇就越出了前人之窠臼。

笔者写"诸子论诸子"系列,发现诸子之间颇多互怼,如墨家非儒家,孟子斥杨墨,庄子笑孔丘,法家批儒墨,荀子一怼就是十二子……,待到《天下》篇出,有点峰回路转的意思。即《天下》篇在论述各门派时,虽然有自己鲜明的学术立场和倾向,褒扬了关尹、老聃到庄周的道家学说,但是对其他学派并未全盘抹杀,而是以诚意与理解的态度,予以梳理,其评点颇切中肯綮。《天下》篇应该是庄子的门生后学所著,可惜不知具体是哪位高人,但是从年代上判断,应该是与荀子时代相前后的学者,因为文中所提及的许多学人,荀子在《非十二子》文中也有所涉及。不过荀子对十二子是一顿痛斥,大有除之而后快的黜夺之心,相比之下,《天下》篇就显得温柔敦厚多了,在阐述各家各派的学理时,有批评也有包容。

诸子出于王官吗

由于从春秋到战国，攻城灭国，杀伐不断，民众苦不堪言，其时人们完全没有什么进化概念，不是觉得明天更美好，前路更光明，而是觉着一代不如一代，于是社会上有一种复古倾向，认为古代比当下好，前朝比今朝强。人们向往尧舜禹三代之治。这在儒家学说中似也成为定论，即古时候大道之行，天下为公，选贤与能，讲信修睦，故人不独亲其亲，不独子其子，使老有所终，壮有所用，幼有所长，矜、寡、孤、独、废疾者皆有所养，男有分，女有归。……真是一幅其乐融融的原始共产主义乌托邦图景。在道家学说中，也有类似今不如昔的说法，不过在道家看来，天下之所以纷扰凋敝，是人为治理太过、没有顺其自然的缘故，所以尧不如黄帝，舜不如尧，大禹不如舜，导致儒墨崛起（《庄子·天运》）。

《天下》篇承这一思潮而来，在评价诸子之前，设定了天下归一、岁月静好的语境，认为："古之人其备乎！配神明，醇天地，育万物，和天下，泽及百姓，明于本数（本原），系于末度（法度），六通四辟，小大精粗，其运无乎不在。"总之，天地六合之内，一切都很通达完美。当然，《天下》篇毕竟是学术文章，虽然向往复古，倒也不想远溯三代，那太久远了，有点茫茫无稽。比较靠谱的是从有《诗》《书》《礼》《乐》的时代说起，因为有文本在那里摆着，书中所描绘的一切，大家都有所耳闻，而且"邹鲁之士、搢绅先生多能明之"。这里的"邹鲁之士、搢绅先生"，基本是指孔子和他那一帮弟子。亦即按《天下》篇中的描述，起码到孔子的年代，还没有各种学派冒头，孔子可以说是集上古文化之大成者，修订了六经，大家基本遵从诗书礼乐的教导行事。"《诗》以道志，《书》以道事，《礼》以道行，《乐》以道和，《易》以道阴阳，《春秋》以道名分。"人们只要顺从六经，做万事就有条不紊，也可享百世太平。说那时是儒家学说一统天下亦可，说天下读书人本是一家亦可，因为没有后来的百家就没有所谓先前的儒家。

一般的看法是，学术上的分野是观念自身开拓和演进的结果，有其意识活动和精神现象的规律。学术活动虽然与社会实践有紧密联系，但并不是一一相对应的。然而《天下》篇认为百家争鸣是社会动乱所由。所谓"天下大乱，圣贤不明，道德不一，天下多得一察焉以自好（各人均以自身一得之见而自喜）"。其实，春秋无义战，你争我夺，天下一直不太平。再说老子有言："大道废有仁义，智慧出有大伪，六亲不和有孝慈，国家昏乱有忠臣。"天下大乱正是圣贤表现的机会，怎么天下一乱，圣贤就不明了呢？不过，这里我们暂且按文章规定的语境走，因为没有文献资料表明在孔子之前，古人在思想上有什么大的成就，中国历史上思想繁荣的第一次井喷尚未到来。

有关百家争鸣时代思想的繁荣、诸子的兴起，曾经是有一番说法的，即"诸子出于王官"，这一说法最早出自《汉书·艺文志》，班固将诸子之学和一定的官位职业关联起来，即儒家者流，盖出于司徒之官，助人君顺阴阳、明教化者也；道家者流，盖出于史官，历记成败存亡祸福古今之道；阴阳家者流，盖出于羲和之官（掌管天文历法之官），敬顺昊天，历象日月星辰，敬授民时，此其所长也；法家者流，盖出于理官（法官），信赏必罚，以辅礼制；名家者流，盖出于礼官（礼仪之官），古者名位不同，礼亦异数；墨家者流，盖出于清庙之守（掌管宗庙之官），茅屋采椽，是以贵俭，养三老五更，是以兼爱；纵横家者流，盖出于行人之官（使官），当权事制宜，受命而不受辞，此其所长也；杂家者流，盖出于议官（谏议之官），兼儒、墨，合名、法，知国体之有此，见王治之无不贯，此其所长也；农家者流，盖出于农稷之官，播百谷，劝耕桑，以足衣食；小说家者流，盖出于稗官（掌握闾巷风俗之官），街谈巷语、道听途说者之所造也。

将每一种学派兴起和具体的官职直接挂钩，不仅过于刻板，也不符合学术和思想发展的逻辑，所以胡适早年就写了《诸子不出于王官论》的论文，挑战旧说，认为："诸子之学皆春秋战国之时势世变所产生，其一家之兴，无非应时而起。"再说得具体一些，是因为诸子有"忧世之乱而思有以拯济之"的念想，加之互相影响，数峰并起，才有如此局面，似与王官之学无涉。另外，胡适也举出《天下》篇、荀子的《非十二子》、司马谈的《论六家要旨》和《淮南子·要略》作为佐证，因为这些文章均在班固之前，基本没有"诸子出于王官"的相关论述。由此他说道，诸子出于王官"皆汉儒（班固等）附会揣测之辞，其言全无凭据"。相比较而言，《天下》篇的诸子出于天下大乱说，还比诸子出于王官说稍微靠谱一些。因为王纲解纽，统一的思想管治废弛，各种新锐学说才有冒头的机会。王官之学遂为诸子之学所取代。

严于自律的墨家

这里，再重温一下《天下》篇所言诸子兴起的语境：天下大乱；圣贤不明，或者说内圣外王之道不昌；道德不一，一曲之士各是其是。由是，道术为天下裂！

而后……在一片混乱之中，第一个脱颖而出的是墨家学派。不过且慢！此处有蹊跷。以笔者所接受的通识教育，诸子中，论先后应该是道家在最前，因为老子是孔子同时代人，且年岁可能长于孔子，《史记》中也是这般记载的。不过，《天下》篇先论述墨家一定有其道理，也许道家学派其时尚未崛起，毕竟《天下》篇的作者比司马迁要早一百多年，且那时秦火未起，各种文献资料更加齐全一些，知道的也更清楚一些。

《天下》篇评述墨家，一上来就点明墨家的鲜明的特征："不侈于后世，不靡于万物……以绳墨自矫"，即这是一个反对奢靡和铺张、严于自律的团体。反对奢靡铺张是墨家的社会政治主张，严于自律则多少表明这是一个成员有点类似于苦行僧的团体。这里似乎也提示了墨家学说产生的社会语境，即社会上奢靡之风起，诸侯贵胄、王公大人靡费无度，导致人民疾苦。这表现在两个方面：一是迷醉于大型的音乐表演；二是厚葬风习。所以墨子有《非乐》《节葬》和《节用》等篇章问世。

墨子的非乐不是反对一般意义上的音乐，更不是反对民间的自娱自乐，而是反对耗资巨大的音乐歌舞表演。他举齐康公为例，沉湎于大型的音乐歌舞表演，不仅要制作大钟、鸣鼓、琴瑟、竽笙等批量的音乐器材，还要伴之以华美的服饰、美味佳肴、高台厚榭等，并指出，这都是"亏夺民衣食之财"而来。虽然战国时期，社会生产力较前有所发展，牛耕和铁器的广泛使用、商业和手工业的繁荣，使得社会财富增长上了一个台阶，但是也经不住如此挥霍，必然还要"厚措敛乎万民"，即对老百姓横征暴敛。另外，频繁举行大型歌舞表演，为政者沉湎于此则耽误政事，老百姓操劳于此则耽误农事，更是劳民伤财。正是在这种意义上，墨子疾呼"非乐"。

与此相关联，墨家也反对过于荒唐的厚葬陋习，所谓厚葬，远不止棺椁的厚，即所谓"天子棺椁七重，诸侯五重，大夫三重，士再重"（《庄子·天下》）。还伴以惨无人道的殉葬和荒诞的久丧制度，即"君死，丧之三年；父母死，丧之三年；妻与后子死者，五皆丧之三年；然后伯父、叔父、兄弟、孽子，其；

族人五月;姑姊甥舅,皆有月数"。由此,墨子认为,如果为政者沿袭这类陋习,"国家必贫,人民必寡,刑政必乱"(《墨子·节葬》)。

《墨子》的思想内容非常丰富,有非攻、兼爱、尚贤等。而《天下》篇的概括着重在非乐和节葬方面,表明后人对墨家的认同偏重在反对奢靡,节用财物,考虑生民之生计上,所以文章称:"墨子,真天下之好也,将求之不得也。"好是真好!然而什么事情都是过犹不及,由此文章转而认为,墨家的做法是"为之大(太)过,已之大顺(自我节制太过)"。这里有两层含义:一是某些行为太过,很难在社会上推行;二是反对奢靡以至于自苦太甚,也违背人情常理。故文章重申:"墨翟、禽滑釐之意则是,其行则非也。"虽然其主张是对的,但是所作所为却行不通。即不能要求人人都像墨子仿效的大禹那般栉风沐雨,弄到"腓无胈,胫无毛"的地步才罢休。

或许,这里对比一下荀子对墨家的批判比较有意思,荀子认为墨子的学说"上功用,大俭约,而僈差等,曾不足以容辩异,县君臣……足以欺惑愚众",那意思是说墨子太讲实用,过于节俭,又忽略君臣之间的差别和等级,根本就是蒙骗大众。荀子将墨子身体力行、极力所倡导的兼爱互利的平民社会理想,说成欺惑愚众之说,既不靠谱,也不厚道,这口吻有点像孟子说:"墨子兼爱,是无父也。"都是很过分的。由此也见出《天下》篇的公允来。

《天下》篇比较有价值的是点出墨家子弟"俱颂墨经",使后世知道中国早期有那么一批生产实践的探索者和科学实验的先驱者,可敬可叹!

稷下先生一二三

《天下》篇推出的道术为天下裂的第二拨,仍然不是道家,而是宋钘和尹文子等。文章称"不累于俗,不饰于物,不苟于人,不忮(违逆)于众,愿天下之安宁以活民命,人我之养,毕足而止,以此白心……"是这一门派人的风范和行事准则。

粗看之下,这一学派和墨家有相似的主张,如摈弃礼仪和由此衍生的繁文缛节,反对战争杀伐,并且自律颇严,"其为人太多,其自为太少",提倡过一种清贫的生活等。难怪在荀子那里,是把宋钘和墨子捆绑在一起批判的。

这一门派的标志是戴一种名叫华山之冠的帽子,以示平等,他们"上说下教",四处传播自己的理念。不过,这一门派的人,似不怎么受人欢迎。也许是吸收墨家理念又自立门派、没有特别引人注目的思想理念的缘故,所以《天下》篇对他们的总体评价也一般般。

不过,宋钘和尹文作为个人,可能有相当的魅力,他俩游学稷下,大概率是当初齐宣王"皆赐列第,为上大夫"的那七十六位名士之二。《天下》篇说他们"接万物以别宥(囿)为始",

即指宋钘和尹文在应接各类事物时，能全面考量各种因果关系并做出准确判断，不囿于成见。例如两家是邻居，张家的老者跟李家说，李家院子里的那棵梧桐树早已枯死了，李家三下五除二就把该树伐除。张家的老者于是讨要此树木当柴烧。李家很不高兴，认为这老者如此险诈，怎么可以与他为邻？其实人们不能以张家事后讨要柴薪，作为判断这棵梧桐树当初该不该伐的依据。这就是所谓"别宥"，以破除眼界和心胸的局限。

宋钘的著作不传，但是在《庄子》或《吕氏春秋》中能见到其身影，如《逍遥游》中称宋荣子"举世而誉之而不加劝，举世而非之而不加沮，定乎内外之分，辩乎荣辱之境，斯已矣"。是什么样的境界和定力，才能如此荣辱不惊？也许，宋钘一味倡导清心寡欲的生活，故荀子在《解蔽》中说"宋子蔽于欲而不知得"，欲望是人生最重要的组成部分，剔除了欲望，人生还剩下什么呢？

比起宋钘，尹文子留存的文献和记载要多一些。尹文子的《大道》篇是一篇长文，包括了很多内容：既有道家的理念，也有名家的辨析和法家的思想。他说："大道治者，则名、法、儒、墨自废。以名、法、儒、墨治者，则不得离道。"又说："道不足以治则用法，法不足以治则用术，术不足以治则用权，权不足以治则用势。势用则反权，权用则反术，术用则反法，法用则反道，道用则无为而自治。"（《尹文子》）虽然振振有词，道、法、术、权、势一环扣一环，环环相衔接，清晰而严正，但是雄辩是一回事，治国理政则是另一回事。其时养士蔚然成风，齐湣王喟叹自己身边没有像样的士人，尹文子从讨论"士"的概念是什么入手，绕了一大圈，从逻辑上证明齐湣王根本不会用士。其实，齐湣王不善用人，最后战败身死，与他的识见浅陋、心胸狭窄和个性傲慢相关，不完全是个逻辑学问题。《吕氏春秋》用这个故事来衬托尹文子，可见尹文子也是一位超级大辩士。班固在《艺文志》中把尹文子归在名家，可能是他的行文有点"苛察缴绕"的缘故，清代的《四库全书》把他归入杂家，后者更合乎实情。

尹文子的《大道》篇中记载了一桩颇有意味的事情，田骈感叹"尧时太平"，宋钘告诉田骈，这太平盛世是圣人之治的结果。彭蒙插言道，这是圣法之治所致，并非圣人之治。宋钘问，圣人之治与圣法之治有什么不同吗？彭蒙答道，您把名称搞混了。圣人之治是指治国的根据出于圣人自己的治理原则，圣法之治则是出于治国本身的法理。圣人之治只能是个例，而圣法之治则可以推广到普天下，能获万世之利。这个道理也只有圣人能通晓。宋钘听后还有所困惑，田骈则说，彭蒙说得对。

这或许是关于法治和人治的最早的辩论，彭蒙、田骈与宋钘的观念显然有差异，所以《天下》篇将彭蒙、田骈和慎到作为另一门派来看待，对这一学派的概括性评价是："公而不党，易而无私，决然无主，趣物而不两，不顾于虑，不谋于知，于物无择，与之俱往。"起首说的公正无私，也许算是一种赞誉，后文说的"决然无主，趣物而不两"等，是指随物而迁转，不以主观意图强加于事物，也不谋划和特意有所选择。这很有道家的顺其自然的风范。不过，这类大而化之的概括，很难到位。关于彭蒙和田骈，已没有太多的文献来佐证他们的学说，《汉书·艺文志》还录有《田子》二十五篇，其均亡佚。只知道田骈师承彭蒙，许多观点和彭蒙相近，如他们共同认为普天下的你争我夺，是名分未定造成的，所谓"名定则物不竞，分明则私不行"（《尹文子》）。一旦名分确定，天下就无争端。翻译成今天的话来说，就是产权关系明确，不容易产生纠纷，其中包含着法治观念。

　　田骈似比他的老师更活跃，他和慎到都是稷下学宫的上大夫、齐宣王的座上客。齐宣王询问田骈治国之策，估计是想讨要一些可操作的、能立竿见影的策略，田骈说自己不谈政事，只谈道术，因为谈道术比谈政事更有用："愿王察其所谓，而自取齐国之政焉已。"（《淮南子·道应训》）那意思是，我提供的是一大片森林，你可随意取材。这就有点远水不解近渴了，和当初孟子见齐宣王或梁惠王的情形有些相似。

　　彭蒙、田骈和慎到三人中，只有慎到的著述尚有留存，似乎没有学者怀疑这是他人伪作。《天下》篇中评述慎到的文字也颇多，称他"弃知去己，而缘不得已。泠汰于物，以为道理。曰：'知不知，将薄知而后邻伤之者也。'"就是说慎到主张抛弃智慧,去除一己之见,而顺随事缘,听任于事物本身的道理,并认为,强求知晓其所不知,则会因为其知而受到伤害。慎到还嘲笑社会上尚贤和崇拜圣人的风气,这和儒家、墨家的立场明显不同。从《天下》篇的评点看,慎到倒像是道家传人,不过,从今本《慎子》七篇看,则慎子无疑是法家,他说"法虽不善,犹愈于无法,所以一人心也",即只有法可以统一人的行为准则,并认为"事断于法"比"诛赏予夺从君心出"来得更加公正而有效力,社会秩序也更加稳定。难怪荀子说慎子"蔽于法而不知贤",意思是法虽然有效,也须有贤人来制定或推广。荀子对慎到的批评有可商榷之处,但是慎到的言论不像是道家无疑。所以《天下》篇说,彭蒙、田骈和慎到并不真正了解大道,只是有所闻知而已,也算是中肯。

关尹、老聃、庄周

在评述了以上几位稷下先生后,《天下》总算腾出篇幅来赞扬道家的先祖:"以本为精,以物为粗,以有积为不足,澹然独与神明居。古之道术有在于是者,关尹、老聃闻其风而悦之。"就是说关尹和老聃这一学派以大道为最根本的精髓,以万物为表象,以积余为不足,澹然自处,与神明共居,真是逍遥自在呀。

但是且慢,此处怎么居然将关尹置于老聃之前?那么这位老聃是哪个时代的大神？按司马迁的说法，孔子曾问礼于老子，关尹曾挽留西出函谷关的老子，强其著书，遂有《道德经》五千言。老子应该年长于关尹，或者起码是平辈。另外从在道家的地位来说，老子应该在关尹之前呀。《天下》篇的作者是庄子的门生或后学，说起自家的先贤来如数家珍，不至于完全弄不清楚先后次序，所以有理由怀疑司马迁的记载可能有误，不过太史公自己也存疑。他在《史记》中说道，在孔子死后一百多年，有周太史儋见过秦献公，"或曰儋即老子，或曰非也，世莫知其然否。老子，隐君子也"。亦即司马迁也不敢确定周太史儋是不是那个写了《道德经》的老子。如果是，那么老子的年寿有二百来岁，有可能吗？《史记》的解释也很妙："以其修道而养寿也。"

从《天下》篇的论述看，此老聃非孔子所问礼的那位老子，同时也意味着今天我们所见到的《道德经》可能没有那么早出现。倘使《道德经》在孔子时代就问世，那么，道术为天下裂的第一波应该是道家，而非墨家。如果是这样，孟子也不太可能称："杨朱、墨翟之言盈天下。天下之言，不归杨，则归墨。"（尽管其意图只是攻击墨家）韩非在纵论天下显学时，儒墨并称，似也表明那时的道家还没有那么显赫。可能正是这些原因，钱穆在《先秦诸子系年》中曾揣测，秦汉之间名老子者，凡有三人，而往往误以为一人，最早的是孔子所见者，再是周太史儋，另一人是更晚近一些的楚人詹何。钱穆的论证很烦琐，此处不表。但是钱穆关于《老子》成书的年代虽然无法确指，但大致当在庄周之学兴盛之时的说法，大可商榷。《天下》篇既然称关尹老聃为"古之博大真人"，显然，老聃的年代应该跟庄子拉开一定距离，不会太近。当然，最过硬的材料，目前尚属湖北郭店出土的竹简，这战国中后期楚墓竹简的《老子》和汉代帛书的《老子》在内容上居然有很大的不同，篇幅也只有两千来字，表明汉代帛书《老子》是经过后人扩充、改写和增益而成。问题是只经后人（如老聃）一次性扩充改写呢，还是经若干人之手，若干次而完成？然而无论如何，《老子》在《天下》篇成文的年代之前，已经大致有定本。当然另有一种可能，老聃是民间口耳相传的神人，进入《列子》《庄子》等文本之中（所以弄得太史公很头痛，曰"世莫知其然否"），庄学后人将他附会在已成书的《老子》之上，所以排序在关尹之后。至于关尹，有《关尹子》九篇传世，只是有学者认为今本《关尹子》非刘向所校雠的版本。不过，《天下》篇特意辑录的一段《关尹子》的原文，与今本《关尹子》相同。关尹子认为大道体现在水金木火土五行上，并且称："天下之理，是或化为非，非或化为是，恩或化为仇，仇或化为恩，是以圣人居常虑变。"也道出了世间各种事理的关键。

　　说毕关尹、老聃，总算轮到庄子了。不得不说在对各派学说的评点中，《天下》篇论述庄子的内容，最为精当到位，也表明《天下》篇作者深得庄子真传，文章称庄周："以谬悠之说、荒唐之言、无端崖之辞，时恣纵而不傥，不以觭见之也。以天下为沈浊，不可与庄语。以卮言为曼衍，以重言为真，以寓言为广。独与天地精神往来，而不敖倪于万物，不谴是非，以与世俗处。"翻译成现代汉语，就是说庄子的学说以悠远的论说、广大无垠的言谈、没有限制的言辞，放任而不拘执，不持一端之见，认为天下沉浊，不能讲端庄严正的话，故以无心随意之言来推衍，引用重言使人觉得真实，运用寓言来推广道理，独自和天地精神往来，而不傲视万物，不拘泥于一般的是与非，和世俗和谐相处。①亦即《天下》篇不仅概述了庄子理念之精髓，也描述了庄子恣肆诡谲的文风，认为正是庄子理念和文风相匹配，才达到了"弘大而辟，深闳而肆"的境界。

惜乎！惠施之才

《天下》篇弘扬了庄周学说，不能不提及惠施，因为惠施是庄子老友及一生的辩论对手，惠子去世，庄子感叹道："自夫子之死也，吾无以为质矣，吾无与言之矣。"（《庄子·徐无鬼》）即没有了说话的人和辩论的对手。《天下》开篇即称："惠施多方，其书五车，其道舛驳，其言也不中。"即在作者看来，惠施虽然有多种才能，学富五车，但是他讲的道理有些乖谬，所

---

① 此处译文参见陈鼓应《庄子今注今译》。

以不能讲到关键之处。《淮南子·道应训》记载,惠施为魏惠王制定了相关法案,完成后交给文人学士并听取意见,大家都说好,于是魏王将其交予大臣翟煎,翟煎亦说好。魏王说,既然好,那就施行吧。翟煎说,不行!魏王问,为何?翟煎回应道:"就好比抬大木头时,大家须前后呼喊应声,这是劳动号子。之所以不唱郑、卫之音这类悦耳的歌曲,是因为不合适呀。治国自有礼法,不在漂亮的言辞。"这似印证上文的"惠施多方"和"其言也不中"的说法,不过也可能是因为宫廷权力倾轧,所以惠施的方案无法实施。

惠子能言善辩、善于比喻是为世所公认的。所以有人跟魏王说,惠子离开了譬方就不会说话。第二天,魏王让惠子有事就直说,不必打譬方,惠子立马举例,有人不知道什么是弹弓的形状,你告诉他弹弓就是弹弓的形状,能说明白吗?最后不还得打譬方。(《说苑·善说》)据《天下》篇记载,南方有奇人黄缭问惠施,天地不坠不陷和风雨雷霆的原因,惠施不假思索回应,遍说万物,滔滔不绝,其中还夹杂着许多怪说。所以荀子斥责惠子是"不法先王,不是礼义,而好治怪说,玩琦辞",再就是批评他"辩而无用,多事而寡功"(《非十二子》)。儒家等站在实用理性的立场上,对惠子这样的名家是颇为排斥的。

《天下》篇作者尽管是庄子后生,但也附和当时的主流思想,将后来可能是桓团、公孙龙等门徒一些有关逻辑和思维的文字游戏,如"飞鸟之景未尝动也"、"镞矢之疾,而有不行"

（即飞矢不动）、"一尺之棰，日取其半，万世不竭"（物质的无限分割）以及某些玩笑性的辩题，如"卵有毛""鸡三足""龟长于蛇""矩不方，规不可以为圆"等作为谬说，算在惠子账上。

惠施最被人津津乐道的是与庄子在濠梁之上，激辩鱼之乐；还有庄子去魏国见他，他恐庄子取代他宰相的位置，在国中搜寻庄子三天三夜，结果被庄子大大奚落一番，将其行比之猫头鹰怕天鹅抢占它的腐鼠肉（《秋水》）。惠子的故事多多，有关他治理魏国的花絮在《吕氏春秋》和《淮南子》中多有记载，但是却没有留下什么著述。因此，关于惠施，《天下》篇最有价值之处是记载了他的"历物之意"，即他曾经所思考和探究的一些问题。这些问题，有的很晦涩，有的一看就能理解，如"天与地卑，山与泽平"（天地比邻，高山和大湖齐平）；"日方中方睨，物方生方死"（太阳才正中即偏斜，万物即生即灭）；"南方无穷而有穷"；"泛爱万物，天地一体也"；等等。这类思考，在今天都可以归于逻辑学和语言学范围内。

笔者感兴趣的是，惠施所思所想的，居然没有一个问题是与治国平天下相关的，也没有替君王出主意，怎样来管治黎庶、收割百姓的。章学诚说："诸子百家之患，起于思而不学；世儒之患，起于学而不思。"（《文史通义·原学下》）但是，起码惠施不属于思而不学者，他学富五车，只是思虑不在内圣外王上，他应该是科学家、思想家或逻辑学家一类的人物，却很不幸去当了宰相。

《天下》篇的结尾落在"惜乎！惠施之才"上，感叹他的才华没有用到正道上，从这一点看，《天下》篇的作者尚有儒家修身齐家治国平天下的念想。《天下》篇作者虽然服膺庄周，但是也信奉儒家学说，这从文章中提及"内圣外王"，可见一斑。章太炎在论诸子流别时，虽然推崇此文，但是就其对于儒家"不加批判"颇有微词。另外，《天下》篇的格调不同于《庄子》全书的其他三十二篇，也引起学者们对作者学术立场的兴趣，作者到底是道表儒内，还是儒外道里，或儒道互补？

笔者以为，战国时学人思想自由奔放，气象宏阔，兼收并蓄，他们不会依照汉代以后的分类标准来约束自己（例如荀子《非十二子》，批评的是作为个体的"子"们，也没有将他们固定归在某一学派内）。尤其是《天下》篇作为论说文体，独树一帜，不在前人窠臼之内，开中国两千年学术批评之先河。这种格局恢宏、俯瞰各家的气度是此前上百年学术争鸣的结晶，也是因时因势而成的。当然，一些学者揣测，该文在收录到《庄子》之前，会不会是某一本诸子文集的序言，或者是郭象在作注时自己撰写或搜罗来的一篇后记。不过，从该文内容看，作者不太会是秦火以后的作者，否则以其眼光，不会遗漏了荀子和韩非这样风格、特征鲜明的代表人物。

从《吕氏春秋》到《淮南子》

《吕氏春秋》和《淮南子》同为一人领衔主持，众人合撰之著述，其分量和地位见仁见智，但它们的留存本身，标识出那个伟大时代的文人印记。《吕氏春秋》表面上系统严整，实际上是各种学说的杂烩，但是其在音乐和天人感应方面的表述，颇具独特的文献价值。《淮南子》则以道家学说为主干，辅之以儒学，全书文采摇曳。相比《吕氏春秋》，《淮南子》对世事沧桑和政权的存亡兴衰也有更多深刻的思考。

将《吕氏春秋》与《淮南子》放在一起来讨论，是因为这两部子书有不少相似之处：一则，它们都是由一人领衔，召集一批文人学士共同完成的著作；再则，两部书不仅兼儒墨，合名法，还融合了道家、阴阳家和农家等理念，说内容宏富亦可，说理念驳杂亦可，因此，《汉书·艺文志》将它们均归为杂家之作；三则，这两部书在吸收各家学说的基础上，都试图建构某种世界观和宇宙观，有经纬天地人事、为江湖一统而立法的雄心。

阴阳十二纪

《吕氏春秋》的面世，伴有"一字千金"的故事。说的是吕不韦将此书放在咸阳城楼上展示，声称"有能增损一字者予千金"。然而，真带着"一字不易"的期待去读《吕氏春秋》，可能会有所失望，因为其中的许多内容都是从诸子各家中汲取而来的，有些篇章写得精湛，另有一些内容编得拙劣。总之，集体创作，瑕瑜互见，内容参差不齐，是可以想见的。

司马迁在《吕不韦列传》中讲述此故事时，也只是传达了这位秦国宰相的傲慢气势。以太史公过人的阅历才学，不会认为十数万言的文字竟无一字可挑剔。另外，在太史公眼里，吕不韦著书的雄心多少是被羡慕妒忌激发起来的。吕不韦看到战国四公子个个以养士而声名卓著，觉着秦国武备强盛，没有文人烘托，有点脸面无光，于是以优厚待遇广泛招徕士人、食客三千。又看到荀子等人的著述满天下传播，也觉着应该搞一个国家级的重大项目出来刷存在感，于是让这些士人各自认领一些子项目，递交作业上来。再将这些作业修改、编辑、整理、汇集成册，"号曰《吕氏春秋》"。

或许，吕不韦将《吕氏春秋》悬挂在咸阳城楼的底气，并不完全来自他的位极人臣的地位，也有可能是他很得意于该书前半部分的内容。《吕氏春秋》全书内容包括十二纪、八览、六论，而其中的十二纪确实是该书的创造，故该书《序意》篇，以文信侯（吕不韦）的口吻称："凡十二纪者，所以纪治乱存亡也，所以知寿夭吉凶也。上揆之天，下验之地，中审之人，若此则是非可不可无所遁矣。"意思是有了这部《吕氏春秋》，特别是对十二纪的内容了然于胸，那么国家的治乱存亡，以及天地万物古今之事，什么可以践行，什么不可以推广，都一清二楚了。

应该说，十二纪的某些内容在当时可谓独树一帜，因为它将天象、节气及星宿的运行与人事的兴衰挂钩，并敷衍出一番天人相应的话语来。这类话语为此前诸子所无，如入世的儒家、法家、纵横家关注的是人事纷争，内圣外王或治国平天下；墨家关注的是社会和谐，人与人之间相对平等；出世的道家虽然讲"天道"和"自然"，但是这些都是相对于人世间各种世俗事务的大概念，且它们是以整体面目出现的，并没有对各种天象和各种自然现象有仔细考察，并做出阐释。

十二纪就是四季十二个月。《吕氏春秋》先对一年四季的天象、物候、农时作分别的阐释，每一季有一个大的主题，如养生、教育、音乐、战争、闭藏等，然后将每一季再分成孟、仲、季三个月，每一个月又有更加细分的小话题。这些话题跟时令与气候有某种想象性关联，这就是所谓话术。

司马迁既然告诉读者《吕氏春秋》是吕不韦一众门客所撰写，那么每一纪的首篇可能就是门客中的阴阳家所为。班固认为，战国时的阴阳家最早出于羲和之官（掌握天文历法的官员），但是不少研究者认为阴阳学说的鼻祖就是邹衍，是他把阴阳五行、天文地理、各种自然现象与政权的存亡兴衰结合在统一的话语系统中，所以各国诸侯特别欢迎邹衍。燕昭王更是拜邹衍为师，让后世的李白羡慕万分。估计"邹子吹律"的典故也是由此而来，说的是燕地寒冷，不生五谷，邹子吹律管而温气至，庄稼茂盛。可见阴阳家自带神乎其神的光环。邹衍的著述《邹子》没有流传下来，但是人们或许能从《吕氏春秋》的十二纪中窥见一斑，有学者认为《吕氏春秋》中的某些篇什或许就来自《邹子》书中的内容。

如《孟春纪》首篇，一上来就说太阳在天空的什么位置，各个星宿在什么位置，主宰的古代帝王是太皞，辅助的是句芒（五行之中的木德之神）。应时的动物是虫鳞类，相应的音律是五音之一的角音。东风吹拂，蛰伏的动物开始苏醒。天子应该住在东向北侧的居室中，坐青色的马拉的车子，穿青色衣服，佩青玉，吃麦面和羊肉，等等。

再看《孟夏纪》首篇，也是同样的叙述方式，先说太阳的位置，再说星宿的变化，主宰的古代帝王是炎帝，辅助的是祝融（火德之神）。应时的动物是羽鸟类，相应的音律是五音之一的徵音。蝼蝈鸣，蚯蚓出。天子应该住在南向左侧的居室中，坐红色的马拉的车子，穿赤色衣服，佩赤玉，吃豆子和鸡肉，等等。

应该说，十二纪保留着原始思维的某些特征，那就是互渗律，即认为万物之间有着特定的、神秘的感应方式和感应渠道，并且随着日月星辰的变化而变化，这也是巫术得以盛行的原因。当然，在阴阳家那里，原始的巫术话语得到了提升，变成了体系性的话语，并且推广到一切方面，似乎对人们的公共生活和日常行为都产生了影响。

例如孟春月，"是月也……王布农事"，即国王要布置农桑之事，命令有关官员下到田间地头，督促农民们整治农田，还要巡视丘陵、山地、平原和洼地，看看不同的地方适合种植什么样的谷物，以引导农民。并且要确定农产品的价格，消除他们的困惑等。除了农事，"是月也，命乐正入学习舞""是月也，不可以称兵，称兵必有天殃"。这里，关于农事的行为来自传统和经验。后面的入学习舞、不能称兵动武等，则来自祸福凶吉方面的兆头。阴阳家将实践经验和阴阳祸福结合在一起，这样使得自己的说法更有权威性。

再看仲春月,"是月也,安萌牙(庄稼幼苗),养幼小,存诸孤;择元日,命人社(祭祀土地);命有司,省囹圄,去桎梏,无肆掠,止狱讼"。这也是一种互渗思维:将春天保护庄稼幼苗和保护幼小与孤儿想象性地结合在一起,又将这些举措和善待人犯、减少刑罚诉讼相关联。

总之,从孟春月到仲春月,一直到最后的季冬月,《吕氏春秋》基本是遵循同一种叙事逻辑。由此,不得不说阴阳学是在构筑一种世界观,是原始意识形态雏形的人文化表现。它最后被董仲舒纳入他的黑白赤三统相继、五行相生相胜的理论中,为其天人感应的学说作了铺垫,被编织得十分玄奥。说到玄学,一般以为,老子的学说玄,魏晋玄学玄,实际上阴阳学最玄,因为它在玄奥之外,还特别烦琐。说到天人感应,一般人的理解是大而化之的,在董仲舒那里,则把一切对应到每一个细节中,烦琐缠绕到无以复加的地步。正是由于过分烦琐和捕风捉影,阴阳学在文化人和士人圈内不传,一头扎进风水学、堪舆学中。

或许司马迁对阴阳学不太感冒。他提及邹衍时,称他"深观阴阳消息,而作怪迂之变",又说"其语闳大不经,必先验小物,推而大之,至于无垠"。总之,在《孟子荀卿列传》中,他著录了邹衍的一些不着边际的说法,即《禹贡》中所说的九州,只是赤县神州内的九州,"中国外如赤县神州者九,乃所谓九州也"。就是说在整个寰宇之内，像神州赤县这样的地方有九处，共九九八十一州，每一处都有海水环绕，与外界人畜不相通。在整个九州之外，则是更大的海洋，连接天际。这里，司马迁是在暗示邹衍的言说不是很靠谱耶。由此，这可能影响到他对《吕氏春秋》这部分内容的看法。《太史公自序》中有言"不韦迁蜀，世传吕览"，为什么不说"世传吕纪"呢？是否表明他对八览的看法要好于十二纪？顺便说一声，"不韦迁蜀，世传吕览"只是太史公的修辞性说法。据《史记》记载，《吕氏春秋》完成在前，秦始皇把吕不韦贬谪到四川在其后。

史家之宝库

关于《吕氏春秋》的学术价值和历史价值，学界有不同的评价。

赞誉者认为，此书"乃博采九流，网罗百氏，纳于检格之中，实能综合方术之长，以成道术，非徒以钞内群言为务者也"（刘文典）。或称："吕览之为书，网罗精博，体制谨严，析成败升降之数，备天地名物之文，总晚周诸子之精英，荟先秦百家之眇义，虽未必一字千金，要亦九流之喉襟，杂家之管键也。"（许维遹《吕氏春秋集释序》）也有研究者将《吕不韦列传》中"以为备天地万物古今之事"算作司马迁对该书的评价，其实这只是司马迁代吕氏自夸之言。

冯友兰的评价相对公允，他认为《吕氏春秋》"形式上虽具系统，思想上不成一家"，但是极具文献价值，"其所纪先哲遗说、古史旧闻，虽片言只字，亦可珍贵。故此书虽非子部之要籍，而实乃史家之宝库也"。由于秦火，许多上古的文献典籍，或埋灭或残缺，能够留存下来，已是万幸，特别是像《吕氏春秋》这样一部吸纳各家学说的著述能流传下来，更是弥足珍贵。

说到该书的文献价值，笔者比较关注的是该书保存的音乐方面的内容。六经中，《乐经》亡佚，也许我们能在其中窥见其部分面目。《吕氏春秋》的仲夏纪中有《大乐》《侈乐》《适音》《古乐》四篇，季夏纪有《音律》和《音初》篇等，分别就音乐的由来、发展过程、社会功能和心理调节功能，音律，以及种种相关的问题作了论述和阐释。从其中颇强调音乐的社会功能来看，这些篇章大约是儒家子弟所为。

文章称："凡乐，天地之和、阴阳之调也。"所以，"乐所由来者尚也，必不可废。有节，有侈，有正，有淫矣。贤者以昌，不肖者以亡"。

音乐发展史的"第一章"从葛天氏（原始部落）之乐开头："三人操牛尾，投足以歌八阕：一曰《载民》，二曰《玄鸟》，三曰《遂草木》，四曰《奋五谷》，五曰《敬天常》，六曰《达帝功》，七曰《依地德》，八曰《总万物之极》。"这大概是最早的民间音乐了。

既然中华民族的第一位圣王是黄帝，人们相信音乐的许多规制是黄帝命令乐师伶伦制定，如从山谷中选取厚度均匀的竹管，截取三寸九分的长度来吹奏，以定十二律吕，又命令伶伦和荣将铸造十二口大钟来调和五音，演奏大型乐曲《咸池》，估计这可能就是宫廷音乐的雏形。于是，颛顼、帝喾、尧、舜、禹、汤到周公等，承此风而下，先后制作了《承云》《九招》《六列》《六英》《大章》《大夏》《大护》《大武》《三象》等乐曲。其中，帝喾还命巧匠倕制作了鼙、鼓、钟、磬、苓、埙、篪、鼗等种种乐器，这相当于皇家乐团的最完整配置，舜则让人制作了有二十三弦的琴瑟，使得声音更加悦耳。

笔者以为，后来墨家的所谓"非乐"就是反对这类大型的宫廷音乐，他们没有理由来反对自娱自乐的民间音乐。当然，儒家讲中庸、合度，所以也有《侈乐》篇，批评夏桀、殷纣喜欢搞世人"耳所未尝闻，目所未尝见"的豪华大排场，弄得"倏诡殊瑰"（光怪陆离），过度奢靡，"故乐愈侈，而民愈郁，国愈乱，主愈卑，则亦失乐之情矣"。

那么，什么是合度又适宜的音乐呢？就是声音的大小清浊都要控制在一定的范围内，乐器的大小和重量也要合规，因为"乐之务在于和心"。而文章所推崇的音乐犹如今天的室内音乐："清庙之瑟，朱弦而疏越，一唱而三叹。"

前文提及，之所以推断《吕氏春秋》中有关音乐部分的内容来自儒家子弟，是因为它们强调了音乐的社会功能。而其中最有代表性的表述如下："故治世之音安以乐，其政平也；乱世之音怨以怒，其政乖也；亡国之音悲以哀，其政险也。凡音乐，通乎政而移风平俗者也。"这段文字出现在《毛诗序》中，也出现在《礼记·乐记》中，只是个别字有所不同。这是儒家音乐思想最为经典的论述，被广为运用。很可能，《吕氏春秋》最大限度地保存了当初《乐经》的内容。

如冯友兰所说，《吕氏春秋》只是做到了形式上的规整，十二纪每纪五篇，八览每览八篇，六论每论六篇，总共一百六十篇。每一篇都有一个议题，从道家的养生到纵横家的建功立业，从儒家的内圣外王到墨家的尚贤，林林总总，几乎都汇聚在一起。其中，有规范行为的：如何成为明君，如何当好贤臣，如何成为一个有道德修养的人，等等。也有提高思想认识的：怎样尊师疾（努力）学，怎样破除认识上的局限，怎样超脱世俗，等等。在写法上也各有千秋，有的宏观，有的琐细。内容上也是十分驳杂。虽然把相近的话题归纳在一起，但篇章与篇章之间往往貌合神离，没有内在的联系。更有一些篇章像是为了说教而临时编撰的。

如在《恃君览》中，为了教导人们明了生死大义、磊落做人的大道理，讲述了两则故事。一是说荆楚之地有一位叫次非的义士，得到一把名贵的宝剑。当他坐船渡江时，遇到险情，有两条蛟龙绕船而行，他问船家，我们能安全过江吗？船家的回答是否定的。次非于是攘臂祛衣，拔剑而起，说自己与其成为江中腐骨，不如弃剑以全己。于是跃入江中杀了蛟龙，救了全船人。楚王为此奖励了次非。故事编到这里本该结束，作者居然还搬出了从不言怪力乱神的孔子，来褒扬次非深明大义的行为。另一则故事更是离谱，居然是说大禹南巡，当他渡江时，有一条黄龙把他坐的船托举起来，一众船客都大惊失色。大禹仰天而叹，说道，我受命于天，养育百姓，反正生死皆由命定，对龙没有什么担忧害怕的。黄龙即刻就俯耳低尾游走了。紧跟着故事，文章来了一段说教，意思是大禹真正进入了通达"死生之分，利害之经"的境界。这类为说教而编撰的故事虽然不高明，倒是能脑补，那时的文化人也许是通过这类方式来教导自己的子弟？

道家之渊府

同样是一人领衔的集体创作，《淮南子》比之《吕氏春秋》，在内容上显然要紧凑些。依《史记》所说，《吕氏春秋》的写作很可能是先由个人各自发挥，然后统一汇拢、编撰，中间有调整和修改。而《淮南子》更像是统一拟题，先定下主旨后，才分头完成。所以，《淮南子》的论述集中在二十个主题上，不像《吕氏春秋》的主旨那样散落在一百六十篇文字中。

同样是兼收百家，《吕氏春秋》在不同的话题中，继承不同的学术源流，论养生则依从道家，说人伦则尊奉儒家，谈天象则采纳阴阳学说。《淮南子》基本以道家学说为主干，辅之以儒学。这就是所谓"讲论道德,总统仁义"。当然,从整体上看,"其旨近老子,淡泊无为,蹈虚守静,出入经道"(刘文典《淮南鸿烈集解》),与道家学说一脉相承,这与刘安本人笃信黄老之术有关。所以,梁启超称《淮南子》为"西汉道家言之渊府"。

刘安将《淮南子》呈献给汉武帝在公元前139年前后,晚于《吕氏春秋》百余年,中间还经历了改朝换代。作为后来者,刘安肯定有超越《吕氏春秋》的想法。淮南王的文化修养和才分极高,招募的写手也应该是高人。由高诱所著《淮南鸿烈叙目》,后人知晓《淮南子》是刘安与苏飞、李尚、左吴、田由、雷被、毛周、伍被、晋昌等人,以及儒家子弟的大山、小山等人共同完成的。然而,后人并不清楚《吕氏春秋》的撰写人是谁,是这些作者被吕不韦抹去了姓名,还是这些作者本来就寂寂无名?其实,在《吕氏春秋》编撰过程中,大儒荀子、少壮才俊韩非子等均在世,这些人都未被网罗其中,至少表明吕不韦所能延揽的人才的水准。不过,无论如何,是《吕氏春秋》启发了刘安:一是召集一帮门客来共同著书;二是试图为后人确立一种宏阔的世界观。

不少研究者认为,《淮南子》的优长之处,在于论述精湛和文采的摇曳多姿,还有就是吸纳了一定的自然观察和社会生产实践成果。特别是其中的《天文训》和《地形训》①，讲述华夏的日月星辰和山川地貌，为此前诸子所无。书中建构的天文地理方面的一整套系统，既来自经验观察，也来自久远的传说和各种相关的典籍文献，如天圆地方、四时九野、九州、九山、九塞、九薮、八风、六水等等。这些都部分地反映了当时人们是如何来建构自然观的，以及它们是怎样在生产实践、观察和想象中逐步形成的。它们和该书的首篇《原道训》、第二篇《俶真训》，共同构成了从宇宙起源到天地万物依次化育的世界观，比之《吕氏春秋》中所描绘的大自然更加丰富详尽，当然未必更加准确。也有学者认为，《山海经》的成书大致与《淮南子》相前后。战乱甫定、休养生息之际，人们才能"分神"对自然界，以及天地自然与人的融合有所关注。《淮南子》似乎可以作为一杆标尺，来丈量《山海经》各篇问世的大致年代。

不过，《淮南子》中更有意味的是对世事沧桑和存亡兴衰的一些总体性思考和认识。尽管此前的春秋战国每天都在上演盛衰兴亡之剧变，但是经过秦王朝的天地翻覆，人们对历史的无常有了更加深刻的领悟，并试图捉摸其背后的大道。《淮南子》的雄心是"上考之天，下揆之地，中通诸理"。关于所谓"上考之天，下揆之地"，该书有《天文训》《地形训》《时则训》等，唯"中通诸理"很是复杂，因为天地之间的空间无限

---

① 在《淮南鸿烈集解》中，此为《墬形训》，"墬"和"地"通。

大，人世间的道理万千，殊难概括。该书中的《缪称训》《道应训》《泛论训》《诠言训》《泰族训》等都是从不同角度出发，在中观（相对于宏观、微观而言）层面对天理人事所作的种种思考。这些思考颇有开拓性，试图在不同的事物和现象之间建立某种联系，并作出相应的阐释。

如果说《吕氏春秋》是每讲一两个小故事就阐明一个观点，或者反过来，为了讲某种道理而编排出一两个小故事，那么，《淮南子》就是引用一连串典故和寓言来说明一些复杂的事理。例如，《道应训》为了传播和推广道家的学说，就先后讲了四五十个故事，几乎在每个故事的末尾都引用一段老子的话来作印证和总结，以说明道的无处不在。这类文体是承韩非的《解老》和《喻老》而来。

在《淮南子》诸篇中，有主题清晰的篇章如《天文训》《地形训》《兵略训》等，也有主题模糊的篇章，例如《泛论训》和《诠言训》。"泛论"，在什么问题上泛泛而论呢？按《淮南子·要略》中概括的要义："泛论者，所以箴缕縿繺之间，攦揳呪齺之郤也，接径直施，以推本朴，而兆见得失之变、利病之反，所以使人不妄没于势利，不诱惑于事态，有符曬晛，兼稽时世之变，而与化推移者也。"意思是在衣缝间穿针引线，在齿隙中也有所补缀，去曲取直，以达事物之本，从而看见得失利害的征兆，使人不沉溺于势利之中，不为事情表象所诱惑，能洞察时势之变化，并与其一起推移。

不过，上文就是翻译成现代汉语，我们还是不清楚作者到底要论述什么样的问题。东汉的高诱在对全书作注时，对"泛论"的概说是："博说世间古今得失，以道为化，大归于一。"高诱的说法仍然过于宽泛，不是高诱总结不够精准到位，而是《淮南子》许多篇章的写法就是浑浑无涯，另外，从文风的佶屈聱牙上看，似有汉大赋喜好铺陈的特点。然而，也正是从含混的主题中，见出江淮一带的才子在文化方面的偏好：在叙述某些理念时，要先渲染环境和氛围，恨不得从盘古开天辟地说起，只有这样才显得幽远厚重。

如《泛论训》为了强调世事变化，天道无常，人事亦应该相机而动，就从远古三皇五帝以前的人类穴居时代说起，甚至想象古代的圣王是以头戴帽盔，身穿宽大的翻领衣衫，一副穿戴毫不讲究的模样出场。所谓"五帝异道，而德覆天下；三王殊事，而名施后世。此皆因时变而制礼乐者"，就是说，当一个好君主，没有礼乐上的一定之规，关键是要施行德政。另外，还要根据环境的变化，改变生产工具和相应的制度法规等。为了确认这一点，文章又写道："天下岂有常法哉！当于世事，得于人理，顺于天地，祥于鬼神，则可以正治矣。"当然，文章还举出反面的例子："夫夏、商之衰也，不变法而亡；三代之起也，不相袭而亡。故圣人法与时变，礼与俗化。衣服器械，各便其用；法度制令，各因其宜。故变古未可非，而循俗未足多也。"总之，顺变则昌，逆变则亡，应时顺变的思想反反复复地出现在《泛论训》中，可以见出汉代士人苍老的灵魂。由于秦王朝的一时强盛与瞬间灰飞烟灭就在眼前，他们悟得世间没有永固的铜墙铁壁。

在周秦之际，儒家有"法先王"和"法后王"之争。所谓法先王就是效法尧、舜、禹、汤；法后王就是效法周公辅助的周天子或者春秋五霸。《淮南子》虽然儒道兼收，但是既不法先王，也不法后王，而是法当下。故其中作为例证的许多典故、寓言都是围绕着应对世道变化而被择取。当然，在残酷的政治斗争中忍辱负重、韬光养晦也是一种应对方式，所以，管仲和曹刿在逆境中苟活，最后建立功业的例子，也是《泛论训》中的一个议题。

诸子时代的终结

或许从严格的意义上讲，《淮南子》中的不少篇章，都可以看成泛论，都是广泛地展开议论。虽然设立篇章的初始立意各有不同，但是在展开的过程中，就难分畛域：每篇文章几乎既讲天道，也讲人伦；既讲为君之道，也讲为臣之责，讲阴阳变化，讲帝业兴衰。似都在贯彻全书"统天下，理万物，应变化，通殊类"的主旨。如果说《淮南子》的各篇章有什么不同，那就是收录故事的不同。因此，读《淮南子》就是读故事汇，就是读林林总总的历史故事，尽管这些历史故事——无论是真实的、出自典籍的,还是现编的——都在论述大同小异的道理。人们往往记住了那些生动的故事,对故事背后的道理却不甚了了。这些故事在流传过程中,渐渐获得了独立的生命。而原本想阐发的那些道理因为雷同,面目有点模糊,读者似乎在哪里都能看到,所以就把它们混同一体。这种说一个道理,讲一段历史故事的文体,似可以称为"诸子体",这类故事并不推动事理的逻辑进展,只是重复申述某些既定的理念。《淮南子》大致是诸子体的集大成者。稍后的余波延续到刘向的《新序》和《说苑》中,再后来文风嬗变,走向严谨平实一路。如果说战国诸子是著书立说,经由西汉而下,东汉的大儒大抵是"注"书立说。

钱穆曾说道:"西汉的学者的出身,是乡村的淳朴的农民,是循谨的大学生,是安分守己的公务员,是察言观色的侍卫队……因此造就西汉一代敦笃、稳重、谦退、平实的风气。"(《国史新论》)也许就整体而言,诚如钱穆所描述,但是在独尊儒术、实行思想钳制之前,情形还是有所不同。虽然百家争鸣的氛围不再,遍干诸侯的六国辩士的大气魄无存,但是文人的才华还是能表现在华丽的言辞中。贾谊《过秦论》这样的雄文、枚乘《七发》这类大赋很是为时人所传颂。

《淮南子》的写法承诸子而来,却也染上汉初的浮华之风,所以后人一说起《淮南子》,往往会提及它的言辞文采。刘勰在其《文心雕龙》一书中就多次赞誉刘安的辞赋和《淮南子》,称:"淮南泛采而文丽,斯则得百氏之华采,而辞气文之大略也。"宋人高似孙认为《淮南子》得《离骚》之神韵,"文字殊多新特,士之厌常玩俗者,往往爱其书,况其推测物理,探索阴阳,大有卓然出人意表者"。明人胡应麟在批评《淮南子》"群集浮华,网罗淫僻"有"好大喜夸之弊"时,也道出"其文词奇丽宏放,瑰目璨心"的特质。笔者揣测,刘安在众多的门客中,是挑选文采斐然的写手来完成其书稿的,而那些逻辑严谨、思路缜密、文风平实的作者就自然要靠后一些。按理说,这也不打紧,但是这种情形,也造成了"其文驳乱,序事自相舛错"的现象,且各篇文章之间龃龉颇多。①

扬雄《法言·君子》曾将《淮南子》和《史记》作过比较:"淮南说之用,不如太史公之用也。太史公,圣人将有取焉;淮南,鲜取焉尔。"这里的《淮南子》不如《史记》有用,可能说的是前者对人们认识和判断事物没有多大的益处。这是因为《淮南子》在沿用各种传说和材料时,其筛选标准参照的不是汉初人们已经达到的认知水平,即当时人们对自然界和社会环境已经取得的认识,而是仍然停留在颇为远古的记忆,用虚妄的、不靠谱的材料来作为说理的例证。如武王伐纣,举起斧钺能斥退风浪;鲁阳公战韩国军队,挥戈挡住太阳移动;等等。我们知晓,战国时已经有《墨经》问世,那时的科技知识、实验观察,以及社会、人生经验,已经足以纠正某些谬说。相比之下,太

---

① 可参见李秀华《〈淮南子〉学史》所录的诸家评述.中华书局2022年版。

史公的识见广博，慧眼察事，对于前人各种传说的选取既通达包容又谨慎。例如他在《史记·大宛列传》的末尾就说道："《禹本纪》《山海经》所有怪物，余不敢言之也。"

然而，司马迁尽管遍观百家，其在《史记·淮南衡山列传》中称"淮南王安为人好读书鼓琴，不喜弋猎狗马驰骋"，但是却没有半字提及《淮南子》——淮南王献给汉武帝的《内书》二十一篇。相反，全文在描述刘安谋反一事时，洋洋洒洒，不惜笔墨。想来太史公不是不知晓此书，很可能是对《淮南子》一书毫无兴趣。盖因《史记》"究天人之际，通古今之变"，最后要落在"成一家之言"上，淮南王招来一堆门客，共同创作，水准参差不齐，这成果到底算在谁的名下？以太史公之谨严，不会轻易下笔。

章学诚在《文史通义·说林》中的一段话，也许多少能为我们解惑："诸子，一家之宗旨，文体峻洁，而可参他人之辞。文集，杂撰之统汇，体制兼该，而不敢入他人之笔。其故何耶？盖非文采辞致不如诸子，而志识卓然，有其离文字而自立于不朽者，不敢望诸子也。果有卓然成家之文集，虽入他人之代言，何伤乎！"笔者揣测，章学诚所说的"文集""杂撰之统汇"可能就是指《吕氏春秋》和《淮南子》这类著述，虽然文采斐然，但是在志识上不如诸子。

当然，这两部著述的分量以及它们在诸子中的地位到底如何，实在是见仁见智的事情，不过它们的留存，见证了中华历史上曾有这样一个豁达、奔放、自由、活泼的大时代，伟哉！

附 录

"格物致知"小议

上海有所颇有名气的中学——格致中学，儿时听大人们提及格致中学，误以为"鸽子中学"，觉得这所学堂一定很有趣，上有飞鸽祥云，下有琅琅读书声。后来才知晓"格致"乃是"格物致知"的含义，那时小学除了有语文、算术、史地课，还有自然课，老一辈人有时也把自然课叫作"格致课"，可见格致的范围至广至大，日后物理、化学、生物等一干自然科学课程的基本内容多多少少已包含在其中。因此笔者那时对于"格物致知"就有朦胧的好感。

一

"格物致知"出自《礼记》的《大学》篇，但在早先并未特别受青睐，所以未受太多关注，一直到朱熹将《大学》和《中庸》从《礼记》中单独拎出，编入"四书"，才备受重视。翻开朱熹的《四书章句集注》，果然，先人对格物致知的具体阐释已佚失，所以朱子写道："右传之五章（即第五节），盖释格物、致知之义，而今亡矣……"（朱子是从衍文中发现蹊跷，才断言有此一节。此节在近人黄侃《手批白文十三经》中已被删除，故找不到蛛丝马迹。）既然前人的说法阙如，那么只能自己补撰，所以他又说道："闲尝窃取程子之意以补之曰：所谓致知在格物者，言欲致吾之知，在即物而穷其理也。盖人心之灵莫不有知，而天下之物莫不有理，惟于理有未穷，故其知有不尽也。是以《大学》始教，必使学者即凡天下之物，莫不因其已知之理而益穷之，以求至乎其极。至于用力之久，而一旦豁然贯通焉，则众物之表里精粗无不到，而吾心之全体大用无不明矣。此谓格物，此谓知之至也。"朱子说得精辟！特别是"用力之久，而一旦豁然贯通焉"，既是为学的经验之谈，也是渐悟到顿悟的必经之路，不过这也引起不小的争议，待下文再表。

朱熹是12世纪的人，如果国人从那时候起就关注自然万物，悉心研究，自然科学方面必定大有进展，然而按照李约瑟的说法，中国的科技，在13世纪之前还是领先于世界，反倒是这之后，与世界先进科技渐行渐远。

说到格物致知，会联想到传教士汤若望，因为他当年有一本翻译著作就取名为《坤舆格致》。阅读汤若望的有关传略，我颇惊讶。作为一位僧侣，汤若望在格致方面的知识竟然如此广博。首先是天文与历法，中国的农历经汤若望修订，一直沿用至今。其次是医学，康熙的登基，据说是接受了汤若望的建议的结果，因为诸位皇子中，只有他出过天花，相对其他几位阿哥，似上了"医疗保险"。再就是农学、矿物和冶金方面的学问和技术，如上述《坤舆格致》乃是欧洲最早全面讲述采矿和冶炼方面知识的专著，为德国的阿格里科拉所著。书名如此入乡随俗，可见那时肯定有类似的相关著述取名为"格致"，格致在某种意义上是自然科学的代名词。如在如此庞大的《四库全书》的目录中，有关格致的书目倒是被收录了几种。当然，不取名"格致"，并不意味着著述内容就不"格致"，据统计，《四库全书》收录的科技类书有300来种，是全部著录书目的十分之一。相比之下，科技类著作的比例是低了，而且这之中，越是晚近，自然科学著述的比例越小，越是表明国人在格物致知方面的落后。

像汤若望在自然科学方面如此有学识，不是个别现象，在西方来华的传教士中，人文和自然科学方面卓著者不乏其人。汤若望的前辈利玛窦更是科学达人，不仅和徐光启合译了《几何原本》，而且天文地理、数学人文诸方面也无所不通。他揣摩中国人考科举必得博闻强记，故迎合这一需要，发明一套提升人们记忆力的技能与方法，并用汉语写成了小册子《西国记法》，其很是神奇。不过据当时人的评价，这套方法尽管有效，"但是利用它的人，首先得有非常出色的记忆力"（史景迁《利玛窦的记忆宫殿》）。

我们有理由说，像利玛窦、汤若望这类传教士的知识水准应该高于西方的一般僧侣，既然被派遣到远东，自然是教会的优秀人才啦。然而同样是僧侣，中国的高僧大德中，似乎在佛学和修行以外的知识方面没有相应的代表人物。当然，笔者臆测，这应该是宋代以后的事情，差距是那个时候逐渐拉开的，因为早期的僧侣中似乎也有博学多能者，如北朝的释道安。据《高僧传》记载："其人理怀简衷，多所博涉，内外群书，略皆遍睹，阴阳算数，亦皆能通，佛经妙义，故所游刃。"可见，在那个时代的僧侣，既注重内心修为，也讲究知识面的广博，越几百年而下，到唐代的玄奘，算得上是博物学家、地理学家。有学者认为，寺院经济的发展，使得寺院扮演着发明创造的温床的角色，"不少僧侣具有高度的文化修养，且醉心于各种科技、工程活动"。唐代的一行和尚就是其中的代表，据说他专心从事自然科学的学习和研究，精通天文、历法、算术，并制造了黄道游仪，以测定一百五十余颗恒星的位置，还著有《大衍历》等（谢重光《中古佛教僧官制度和社会生活》）。

但是，后来的僧人在自然科学方面的成就似乏善可陈。若说普通的书生和知识分子以科举入仕为旨归，一心只读圣贤书，无心他顾，对格物关注不多亦可理解。但是僧侣们没有科举压力，对大千世界为何没有格物的兴趣？这可能与佛教后来的戒律有关，僧侣脱离生产劳动，而且将具体的生产实践活动视为不净之业，既然是不净之业，那么这类生产活动应由"下人"来承担,僧侣们则和自然世界隔离,专注于内心的修为。知识精英、僧侣在社会的世俗生活之外,但是他们其实也映照着整个社会,成为一种镜像。

二

"格物"的"物"可以看成世间万物,后人以"格致"指代科技也是出于这一理解。然而,由宋至明,格物仅仅是一种认知行为,还是一种道德和修身行为,抑或说是认知和修身兼而有之的行为,一直有着讨论和争议。

前文说道,朱熹取程子之意,为《大学》补撰了一段文字。其实,程颐的所谓格物,就是指搞清楚事物的道理,他依照《尔雅》的释义称:"格,至也,言穷至物理也。"那么又如何去格物呢?"但立诚意去格物。"(《二程遗书》)程颐的这段话,以今天的眼光来看,就是四个字:"实事求是"。

然而,自朱熹之后,国人格物的实绩却是每况愈下,遵朱熹教诲的儒生越多,自然科学方面就越落后,这是何故?其实这要从格物致知的总体语境上说起。提及格物致知,儒家的思想必定和修齐治平联系在一起,上下语境里似没有自然科学什么事情。首先是朱熹本人,从其《朱子语类》中,我们可以读到许多相关的阐释,它们不尽相同。如将"格物"的"物",理解为事情或对象,说"物,犹事也"。又说"穷理格物,如读经看史，应接事物，理会个是处，皆是格物。只是常教此心存，莫教他闲没勾当处"(《朱子语类》)。这样一来，格物和日常生活实践接轨，除有认知的含义外，处事的态度与内心的修为也成为其中的一部分。这遂使格物概念泛化，并导致意义的含混，为后来的种种争议埋下伏笔。

第一拨站出来反对朱子的就是陆氏兄弟。他们认为格物穷理的路数不对，因为理不在物中，从具体格物功夫中所获取的理，不是那个理。这其实有点"道可道，非常道"的意思。陆象山提出了"心即理也"的说法，认为"宇宙便是吾心，吾心即是宇宙"。故不赞同朱熹那由外而内、循序渐进的"格物致知"路径，认为须"先发明人之本心，而后使之博览"，否则书看得再多，也是本末倒置。理由倒也说得直白，尧舜之时，没有什么书可读，不博览照样也能成为圣人。在陆象山看来，朱熹的格物致知，实在是"支离事业"，应推倒重来。粗俗一点说，今天格一根竹子，明天格一块豆腐，如此烦琐，格到哪一天，才能有治国平天下的本领？按陆象山自己的说法，自己尖利的诗句"易简工夫终久大，支离事业竟浮沉"一出，弄得"元晦（即朱熹）失色"。

朱熹的愠怒可以理解，陆氏兄弟不仅有偷换概念之嫌，而且无视人的经验和具体实践。如果从常人的经验出发，应该是一物一理，物物各有其理。认识世界要在格物上起步。然而，作为二元论者的朱熹确实存在理论漏洞，因为程朱理学之理乃是"天理",是宇宙万物的根源(很接近柏拉图的"理念"),尽管朱熹提出过"理一分殊"的说法,说到底还是"理一"在先,而后才有各各的分别,它终究不是一物一理的理,而是万物一理之理,因此它确实不在大千世界千差万别的事物中,而在人的心中,在思辨过程中。它不是所有世间万物之理的相加。

应该说,程朱理学不仅仅是对儒学的一般意义上的继承,其理学的提出,有着浓重的形而上学和思辨色彩,开辟了儒学研究的新局面。故按钱穆的说法,程朱理学是"别出之儒",以区别于北宋欧阳修一派的"综汇之儒",更进一步,也区别于两汉以下之儒学大传统。他认为,宋儒中别出一派,亦未尝不于儒学传统中的经学、史学与文学同时注意。但是他们更着重在儒学开新方面下功夫,在超乎此传统的经学、史学与文学之上,似另有一番甚深义理当阐发,因此遂成为理学,亦称"道学",今人则又称之为"义理之学"。(《中国儒家与文化传统》)

义理之学必有义理之辨,朱熹的学问可谓"致广大,尽精微,综罗百代",但是由于其在认知理论上的二元论倾向,必然还会受到第二拨大的冲击。这里就不能不说到王阳明格竹子的故事,这位心学大师格了七天竹子,不仅"早夜不得其理",还"劳思致疾",格出一场大病,可谓神乎其神。后人已经无法弄清楚王阳明当初是如何格竹子的,但是从相关的典籍记载看，王阳明的格竹肯定不是从生物学、植物学意义上深入探究，也不是如现今现象学意义上悬置"前见"的直观，或现象学还原。他可能是要从竹子的高洁中，格出做人的道理和成圣的路径来，显然，研究对象和要达成的目标风马牛不相及，故他一无所获。当然，说毫无收获也不对，王阳明就此格出了气象宏大的"心学"，光弟子及其门派就一大批，如有以王畿、钱德洪为代表的浙中王学，以邹守益为代表的江右王学，以及以王艮为代表的泰州王学等，林林总总有七大门派。

从学理上看，王阳明的心学似上承陆象山而来，也强调"心即理也"，并且将之进一步阐发为"心外无物，心外无事，心外无理，心外无义，心外无善"。但是，王学传人黄宗羲在《明儒学案·王阳明传》中并未提及陆，只是说王阳明"遍读考亭（朱熹）之书，循序格物，顾物理、吾心终判为二，无所得入。于是出入于佛老者久之，及至居夷处困，动心忍性，因念圣人处此更有何道。忽悟格物致知之旨：'圣人之道，吾性自足，不假外求。'"黄宗羲之忽略陆象山，大概是因为在《传习录》中，王阳明提及陆子之学时，认为其"只是粗些"，或许还想表明王阳明的心学不是单单来自学统，更主要是来自其切身体验。

王阳明心学的宗旨是"致良知"，这良知人人皆备，并且是"生而有之"的，无须通过学习或格物后天得来，援引孟老夫子的话就是："人之所不学而能者，其良能也；所不虑而知者，其良知也。"（《孟子·尽心章句上》）不过，虽然人人有良知，但良知的清晰度或透明度并不一样，"圣人之知如青天之日，贤人如浮云天日，愚人如阴霾天日"（王阳明《传习录》）。所以，对于一般人来说，功夫要下在致良知上，王阳明或许不排斥各类经验上的认知实践，但是显然，良知不是一般意义上的知，良知是做人立身的头等大事。如果说在朱熹那里，尽管格物致知最终鹄的是走向修齐治平，还是有对外部世界的认知的成分，那么，在王阳明的心学中，格物致知似与对外在世界的认知无关，更像是为心灵去蔽，功夫由外转向内。故王阳明对钱德洪特别总结了自己的宗旨："无善无恶心之体，有善有恶意之动，知善知恶是良知，为善去恶是格物。"这就是王阳明四句教，而由此，格物致知就彻底转化为德性和内在修养了。

三

王阳明的心学并不和理学成简单的反相关系，黄宗羲既然称他"出入于佛老者久之"，表明王阳明还吸收了释道两家的养分和思想资源。这也说明在明代，儒释道三教合一已经很有基础。儒释道各有其思想来源和观念系统，各自在发展壮大的过程中和政治权力相结合，并且在夺取话语权的过程中激烈争锋。例如，刘宋时期的顾欢有《夷夏论》，"夷夏论"就是夷夏之辨，顾欢是尊奉道教的，他要将道教和佛教分出一个正邪是非来。意思是要提倡中国本土的宗教，不搞佛教的那一套，因为佛教不适合中国的国情和礼教。到唐代前期，有佛道之争，武则天倚重佛教，后来又有韩愈的辟佛。儒家是"入世"的，讲担当、讲责任，佛道是"出世"的，二者在修行的目标上大相径庭，然而这三教在养心方面倒是能够相通的，儒家讲究"达则兼济天下，穷则独善其身"，这独善其身，往往容易通向佛道两家。故在阳明心学之后，明代嘉靖年间，莆田人林兆恩创立了"三一教"，意思是三教合一，"道释归儒"。

道释归儒也好，儒统道释也罢，这三家能够融通的纽带或者说核心，是都注重内在的修为，以在精神世界中取得圆满和一统，并与外部世界保持距离。因为外部世界充满危险和不确定性。杜威在其《确定性的寻求》一书中，一上来就讲"逃避危险"，认为早期人类寻求安全有两条途径：其一是发明许多技艺来利用自然力量，并征服外在世界；另一则是在情感和观念上改变自我，以顺从支配命运的力量。由于人们害怕过多地利用技艺来征服自然和外部世界会冒犯上帝和神灵，往往倾向于后一种途径。因此，宗教导师们推崇改变内心情感的方式，而哲学家们则倡导以改变个人观念的方式来应对危险。这些方式由于它们本身的价值而曾经为人们所赞扬，还因为有时在行动上也有一定的效果而得到大家的认可。再则，人们在与外在世界打交道和实践过程中存在诸多偶然性和不确定因素，而在哲学和思辨的领域，系统而周密地把握事物的"本质"，显然没有多大风险。久而久之，"轻视实践便具有了一种哲学上的、本体论上的理由了"。

虽然杜威描述的是西方的哲学思想历程,但其实与中国的情形有某种相通性。宋明理学(自然包括心学),就是要在变动不居的现实世界中寻求某种相对的确定性,从外转向内,后世对儒生的印象——"四体不勤,五谷不分",多少和上述情形相关。

中国读书人和知识阶层的动手能力弱、格物方面的落后,当然不是天生的,或可说是囿于文化传统的结果。这传统到底可从哪个年代算起?汉代、唐代,还是宋代?这里不妨看看域外学者,如美国的肯尼斯·雷克斯洛斯的见解。他认为,汉朝和唐朝的文化都是帝国性的,注重各民族文化开放融合。但自北宋崛起并再度统一中国之后,中原王朝忙于维系自己的发展,把中亚留给了外族。他们从中国原有的疆域步步后撤,最终放弃北方家园,流落江南。在那里,不受干扰的儒士们偏安于自己的圈子,不断打磨、强化自己特有的文化。因此可以说,宋朝文化是集汉族文化之大成。只有在宋朝,文化基础才变得足够狭小、足够集中,从而为我们现在所说的"儒教",或更宽泛地说,为"中国文明",铸造出一个模型并延续至今(肯尼斯·雷克斯洛斯《宋代文化》)。

肯尼斯·雷克斯洛斯的说法,在某种程度上和前文钱穆所说的程朱理学为"别出之儒"有契合之处,只是角度不同。即都认为宋代之后,中国的主流文化格局逐渐收缩定型,成为向内的伦理和修身的文化。

以上关于格物致知的概念和语用上的一些演变,当然可以看成某种表征。其实,中国古代社会后期在科技领域方面的落后,乃受多重因素影响,如社会的政治经济体制和结构,官僚制度和科举制度在用人上的导向等。关于这些,一个多世纪以来早已成为共识,无须赘述。除此而外,背后还有深一层的传统意识形态原因:旧时读书人论知识或论成就,是有排序的,就是立德立功立言,所谓三不朽也。孔颖达在《春秋左传正义》中的阐释是"立德谓创制垂法,博施济众""立功谓拯厄除难,功济于时""立言谓言得其要,理足可传"。在没有科举的时代,班超算是立功,班固就是立言。进入科举时代,中举就渐渐取代立功,否则不会有"博取功名"一说。相比之下,格物就是小道了,等而下之,可能会流于奇技淫巧。故越到晚近(如清代),越没有像样的科技著作问世。当人们将知识文化或功业分成三六九等,必然会阻碍科技的发展,格物致知遂成绝响。

《新序》《说苑》和刘向的施政理念

一

刘向的《新序》中，有关于无盐女的故事，有趣而又令人惊愕。

无盐貌丑，嫁不出去，求见齐宣王，希望齐王的后宫能收留她，周围的臣子闻此事，莫不掩口大笑。齐宣王也算大度，见到她就先声夺人告诉她，寡人后宫可是嫔妃众多，自己还经常和她们一起听听小曲儿，你有什么绝活配进入后宫呢？不料无盐可不是一般女子，而是高瞻远瞩的政治家，一番话说得齐宣王毛骨悚然，意思是齐国当下外有二难，内有四殆，危机潜伏，再不补救就国将不国啦！震得宣王幡然醒悟，"立停渐台，罢女乐，退谄谀，去雕琢"，又"选兵马，实府库，四辟公门，招进直言，延及侧陋"。做到这些，故事基本可以收官了，最多就是奖励犒劳无盐女，或者再地道一些，宣王亲自出面保媒，给她配个郎君。但是情节的发展是谁也没想到的，齐宣王竟然拜无盐女为王后，此文的结局就落在"而国大安者，丑女之力也"。这无盐真是堪比管仲呀！

无盐的丑，不是一般的丑，按书上写的，"其为人也，臼头深目，长肚大节，昂鼻结喉，肥项少发，折腰出胸，皮肤若漆。行年三十，无所容入"。这不是自然主义或写实主义的描写，而是极尽渲染之能事的夸诞之笔。读到这里，我对《新序》这部书的看法被颠覆了，此前，多多少少把它看成历史文献一类的著述，因为书中一篇一篇故事的写法很像《战国策》一类的历史典籍。且刘向是一位在整理、校勘历史文献和其他典籍上有很高成就的大学问家，在稽古钩沉方面，一定扎实又可靠。只是没想到这位"领校中五经秘书"的大学问家，虚构起来的尺度也很大。

把《新序》《说苑》等当成历史文献看，这只是我个人的错觉，前人并没有搞错，他们早早就把这两部书归于子书，即以经史子集的分类来看，是属于个人著述一类的。所谓子书，是由先秦诸子百家著书立说，自成其言而来。如《老子》《墨子》《孟子》《庄子》《荀子》等皆如此，只是刘向的这两部书，跟以上的诸子书不同，其中并不直抒个人的见解，而是将对皇上的规劝、对朝廷的针砭和历史材料混合在一起，所以，连唐代著名史学大家刘知几也有点含糊，将其当成历史著作来批评，否则他不会在其《史通》中专门提及刘向的一系列著述，如《洪范》《五行》《新序》《说苑》《列女》《神仙》等，指责其"皆广陈虚事，多构伪辞"，认为"传闻失真，书事失实，盖事有不获已，人所不能免也"。但是接下来的批评就有点严厉了，他甚至怀疑刘向的人品，称其"故为异说，以惑后来，则过之尤甚者矣"，而究其原因，"非其识不周而才不足，盖以世人都可欺故也"。（以上均见刘知几《史通》）刘知几对前辈的评判之所以如此严苛，还是因为把个人著述当成历史著作来看了。

虽说《新序》《说苑》等乃个人著述，但是刘向书中的不少内容并非自出机杼，大都是从各类文献中辑录整理而来，因为许多材料是可以与其他先秦典籍互相印证的，即便是那些没有出处的材料，也未必全是杜撰，可能来自某些野史和小说家言。不过，后人要真正区分哪些是刘向自己撰写，哪些是由辑录、编撰而来，很是困难。如下一则。

梁楚边境相邻处有两块瓜地，梁国这边的瓜，由于灌溉充分，瓜的长势喜人（瓜美），而楚国的瓜地由于浇灌不力，瓜的长势不好（瓜恶），远不如梁国。楚国边民由羡慕妒忌而生怨恨，于是乘着夜色，越境毁坏梁国瓜地。梁国边民欲报复，却被梁国大夫宋就阻止，宋就的办法是令梁国边民每晚偷偷地帮楚人浇瓜田，所以楚国这边也"瓜日以美"。这件事最后为楚国边境的县令所知晓而上报国君，楚王听了深感愧疚，遂与梁国结好，"故梁楚之欢，由宋就始"。故事的结局当然完美，只是可信度很成问题。这里不管是史料所载，还是刘向"自造"（刘知几语），既然收录到集子中，作者的用意是显而易见的，即以德报怨，感化对方。虽然孔子有"以直报怨，以德报德"之说，但是冤冤相报何时了，毕竟化干戈为玉帛一直是先贤们的智慧。

二

有研究者认为，应把刘向的《新序》《说苑》作为"历史故事集"来看，这是比较中肯的说法。所谓历史故事，就是既有历史也有故事。说是历史，其中显然有不少虚构的成分，譬如《史记》中的《鸿门宴》，栩栩如生的叙述分明是司马迁的个人创作，但它也是历史书写的一部分，真所谓"文胜质则史"。说是故事吧，这些素材来源可能又有某些历史依据在，全非向壁虚构。

这里的关键还不是这些书中的史料和个人"自造"的成分之比例各占多少，而是刘向的著书和一般的讲故事完全不在同一个目标和抱负上，既不同于后人刘义庆的《世说新语》，基本收录文人雅士的言行轶事，以传播某种高雅旷达的趣味，也不同于干宝的《搜神记》，广泛搜罗神奇怪异的民间传说。刘向专门挑选或辑录的大都是跟国家的治乱兴亡有关的故事，所以《新序》《说苑》是汉代以前的众多典籍中比较特殊的两部书，感觉像是小型的《资治通鉴》，其所辑录的几百个故事和篇什，围绕的主题涉及社会政权结构的最主要方面：为君王的当是圣明君主，亲贤臣而远奸佞，广开言路，从善如流，且不能奢靡无度；为臣子的应该恪守臣道，不仅要忠于职守，勇于任事，还要能举贤人；为士君子则要敬慎修身，仁义皆备等等。

如果说在《新序》中，作者还是以"杂事"的体例来编撰，主题还不够集中，到了《说苑》，作者的意图则在体例中得到了清晰的体现，所以内容的编排从"君道"到"臣术"，从"立节"到"贵德"，从"政理"到"尊贤"等，对修齐治平的方方面面均有涉及。按照今天时髦的话来说，书中汇集的大都是与治国理政相关的篇什，所以清代有学人称刘向的著述为"谏书"，这不无道理。

其实，这个"谏"字是蛮有讲究的，《说文解字》的解释是"谏，证也，从言，柬声"，好像是指拿证据说话。后来章太炎在讲解《说文解字》时认为："讥刺当作谏。"（《章太炎说文解字授课笔记》）不过在具体的语境中，意思各不相同。笔者理解，"谏"往往是对具体的行为和事情的规劝，如李斯的《谏逐客书》或魏徵的《谏太宗十思疏》，有比较强的针对性。而《新序》《说苑》的内容不针对国君处理某些具体事情时的言行举止，只是通过所叙之事，让读者自己体会其中的道理，有些明显是寓言性质的故事，这与狭义的"谏"还是有些区别的。故班固《汉书》对刘向这类书的概述是"言得失，陈法戒"，同时也"助观览，补遗阙"，比后人称之为"谏书"更为恰当。

前文说刘向的著述是汉代以前的典籍中比较特殊的一类，不仅是因为它们在立意上像小型的《资治通鉴》，还因为在写法上不同于一般的子书。有学者把这类文体称为"事语体"或"事语类"。而所谓"事语"之称，无论是出自《春秋事语》，还是由"左史记言，右史记事"而来，都是历史叙事，刘向以此类文体著述，用的是所谓"春秋笔法"，似也顺理成章。如果说孔子的春秋笔法是用在史书的撰写上，那么刘向是把春秋笔法用在个人的著述中。春秋笔法是将褒贬之意落在微言大义上，在撰写过程中对已有的史料有笔有削。笔者，是指在原来的材料上有所添加；削者，则是在已有的史料上有所删除。这一增一减，费工夫花心血，故撰写者很少出面评点、直抒己见。

这类文体的运用，表面看是作者的选择，就像其辑录、编撰《战国策》这般熟门熟路，其实也是时势所致。随着汉代大一统集权制度的建立与巩固，大臣们建言的空间日见逼仄，所以，看似同样的文体，也反映出时代和言论环境的不同。

先秦时期，虽然君王的威权不容置疑，但是君臣之间的关系还有某种对等，臣子可以直言，所谓"良禽择木而栖，良臣择主而事"，有点像今天大型企业的"霸道总裁"与手下员工的雇佣关系，即员工可以直言，可以发表自己的看法，如言语不合，大不了走人。所以，那个时代，是游士最活跃、最风生水起的年代。经秦代到汉代，"普天之下莫非王土，率土之滨莫非王臣"的腔调，已经由诗歌言辞落到了现实的君臣关系中，这就有了人身依附关系，臣子少了人身自由，也就少了言论自由，所以才高如贾谊，下笔《过秦论》气势如虹，上《治安策》《论积贮疏》振振有词，后来贬为长沙太傅，再被圣上召回，在文帝面前也只能"不问苍生问鬼神"。这一前一后的变化，就很能说明问题。至于刘向，尽管是汉室宗亲，也不免因言（反对宦官）获罪，先被下狱，后被谪为庶人，汉成帝登基后，"向以故九卿召拜为中郎，使领护三辅都水，数奏封事，迁光禄大夫"（《汉书·楚元王传》）。人生起落、宦海浮沉、世家背景（刘向为汉高祖弟楚元王刘交四世孙），加上宏富的阅历、深刻的感悟，使其在《新序》和《说苑》等著述中，将史料和小说家言混为一体，虚实合璧。读者感觉其来有自，很难区分哪些是言出有据，哪些是向壁虚构。

三

一般认为，历史故事或历史小说是在文献和史料的基础之上加工而来的，即文学叙事是历史叙述基础上的虚构，但是情况总有例外。年少时读《三国演义》，我以为那就是历史（其实不仅是《三国演义》，读其他小说亦如此，在缺少人生经验的年纪，小说就是历史），及至年长，知道《三国演义》和《三国志》的区别，所以，《三国演义》中的故事，只要《三国志》

中无记载，就表明其是罗贯中的虚构，或者先由民间说书人敷演，后经罗贯中加工成小说。但也一直怀疑那段著名的《隆中对》有多少历史真实性，即有多少历史可能性。

诸葛亮高卧隆中，吟风赏月，过着世外桃源般的生活，尽管自比管、乐，毕竟未出茅庐。岂料他早早就认定天下大势三足鼎立，而且先巧取荆州，后并吞益州的战略也一锤定音，此后半个多世纪的历史格局就此奠定。加之文字铿锵，有口语之朗朗上口，有书面语之意蕴隽永，故笔者以为一定是小说家言。后来查证，发现如此脍炙人口、一气呵成的文字出于史家之手，罗贯中竟没有多少更动，几乎就是从《蜀书·诸葛亮传》中挪用过来的。这里不妨重温一下：

> 自董卓已来，豪杰并起，跨州连郡者不可胜数。曹操比于袁绍，则名微而众寡，然操遂能克绍，以弱为强者，非惟天时，抑亦人谋也。今操已拥百万之众，挟天子以令诸侯，此诚不可与争锋。孙权据有江东，已历三世，国险而民附，贤能为之用，此可与为援而不可图也。荆州北据汉、沔，利尽南海，东连吴会，西通巴、蜀，此用武之国，而其主不能守，此殆天所以资将军，将军岂有意乎？益州险塞，沃野千里，天府之土，高祖因之以成帝业。刘璋暗弱，张鲁在北，民殷国富而不知存恤，智能之士思得明君。将军既帝室之胄，信义著于四海，总揽英雄，思贤如渴，若跨有荆、益，保其

岩阻，西和诸戎，南抚夷越，外结好孙权，内修政理；天下有变，则命一上将将荆州之军以向宛、洛，将军身率益州之众以出秦川，百姓孰敢不箪食壶浆以迎将军者乎？诚如是，则霸业可成，汉室可兴矣。

显然，这是历史虚构在前，而小说家照搬史料于后，这种情形绝不只出现在《三国演义》中，古今中外的文学著作中比比皆是，真可谓文史一家。难怪美国学者海登·怀特将"历史作品视为叙事性散文话语形式中的一种言辞结构"，并揭示，"它们包含了一种深层的结构性内容，它一般而言是诗学的，具体而言在本质上是语言学的"。（海登·怀特《元史学：十九世纪欧洲的历史想象》）由此，所谓"元历史"说到底就是一种叙事。海登·怀特的说法和中国古人的"六经皆史"有异曲同工之妙，即认为，各种学问、学科和文体之间没有绝对的界限。不能以胶柱鼓瑟的态度来对待各种学科分类。历史是一种叙事，反过来也成立，即一切已完成的叙事就是历史。

当然，历史文献或历史上的叙事文本并非历史本身，只是某种历史的表征。但是后人也只能通过这些文本了解历史，并用自身的经验和事理逻辑来判断其真伪或产生的影响。有些历史事件在发生时就对社会产生了巨大影响，另有些事件只是发生在文本中，只对后来者产生影响。刘向的《新序》和《说苑》似属于后者，因为笔者怀疑他的著述对当时的为政者未产生过什么效用。且不说当政者是否有空浏览，一般而言，大而化之的"以史为鉴"的材料，都不太能对当下的政治和社会管理的运转产生直接的效用。

不过，无论如何，这两部书是寄托着刘向的治国理想的：约束为政者，规劝为政者。从君王到官僚阶层，再到作为官僚后备人才队伍的儒生，均是书本的规劝对象。有研究者认为，刘向的著述"兼综九流，牢笼百家"，但是体现的基本还是儒家理念，一二三四，理由颇充分。其实，区分儒家和其他诸家，特别是与法家的不同，最简单直接的方法是看其基本理念是制约为政者，还是制约民众。约束为政者，希望高居庙堂者能施行仁政，以教化民众的是儒家；反之，向君王献驭民之术，试图控制民众，将国家权力运用到最大化的则是法家。民众可能是乌合之众，为政者也可能贪赃枉法、沉瀣一气。但是社会的浩然正气，必然来自上层的为政者和他们的后备队伍，来自他们内在的道德律令。今人可以批评刘向等只强调儒家的修身，而没有对权力制约有所认识，或者批评他没有从制度上提出某些更加有效的措施等。然而这是儒家思想的局限所在，要突破这些局限，是另一个很大的题目。

《洛阳伽蓝记》及其空间叙事

《洛阳伽蓝记》在《四库全书》中被归入地理类著述，仅从书名看，它很长时间没有激起我阅读的兴趣。某个契机之下翻阅，我很是惊叹，该书不仅内容丰富广博，而且文笔极佳，摇曳多姿。人们常常会说起魏晋风度和一干魏晋人物，如建安七子和竹林七贤，或是《世说新语》中那些飘逸放浪的高人逸士。但罕有提及《洛阳伽蓝记》的作者杨衒之和他的前辈郦道元者。当然，这两位已在魏晋之后，他们是北魏时期的官员和文人。他们分别在《水经注》和《洛阳伽蓝记》两部著作中，将魏晋名士的精神空间投射于对江河山川和城池楼宇的闳衍描述。这两部书都堪称奇书，因为其著述方式前所未有，即所有的叙述都是在自然地理或建筑空间中展开。《水经注》是中国历史地理方面的早期文献，它不仅记载了一千多条大小河流，更涉及周边地理环境和行政区划，乃至对矿产资源、植物种类、建筑风貌和乡土人情，均有所描述，被许多学者称为"百科全书式的著作"。相比之下,《洛阳伽蓝记》只是记述一城一地的风景,却呈现出更为细腻和复杂的空间描述。

一

《洛阳伽蓝记》的特殊意义首先在于:它描述了佛教文化在我国第一次大规模传播的状况,记载了北方民族鲜卑族的拓跋氏政权在中原的崛起,以及内部倾轧和衰败的过程,同时也生动地再现了洛阳古都的风土民情。书中的每一条记载尽管都是以某一所庙宇开头,但是在描绘了寺院风貌,交代了其落成背景后,作者将自己的见闻、掌故与史料等统统融汇在一起,徐徐道来中富有韵味。书中有前朝旧事、大内秘闻、僧人修行、风土人情和域外奇观种种,比史书更加生动地勾勒了北魏时期的社会政治、经济、民情和宗教生活。

杨衒之起念写此书,不是在洛都风光无限的鼎盛时期,而是朝廷迁都邺城十多年之后他重返洛阳之际,见眼前一片狼藉,感叹当年胜景不再,故作者有言:"城郭崩毁,宫室倾覆,寺观灰烬,庙塔丘墟。墙被蒿艾,巷罗荆棘……恐后世无传,故撰斯记。"

《洛阳伽蓝记》共五卷,以地界划分,依次是城内、城东、城南、城西、城北,各为一卷,共记载洛阳城内外一百多所庙宇。不过这仅仅是全部数量的十分之一,在北魏最兴盛时期,

"京城表里，凡有一千余寺"，比所谓"南朝四百八十寺"的江南，竟然多出一倍以上。

或可说，当初洛阳城中最为壮丽奢华的景观就是众多的寺庙，否则杨衒之不可能在该书序言中有如此夸张的表述："招提栉比，宝塔骈罗，争写天上之姿，竞摹山中之影。金刹与灵台比高，广殿共阿房等壮。"甚至有些王公贵族"舍宅为寺"，在自家宅基地上起伽蓝，筑浮屠。可谓浮屠联翩，烘云托月。这等状况，连云游四海、刚到中土的达摩老祖也赞叹不已。

达摩登临的是永宁寺，该寺堪称当时的摩天大楼，"举高九十丈，有刹复高十丈，合去地一千尺。去京师百里，已遥见之"。难怪达摩为之惊诧，口唱南无，合掌连日。

这永宁寺是熙平年间皇太后所立，可谓"殚土木之功，穷造型之巧"，是洛阳伽蓝的整体缩影，因此作者将其放在该书开篇，作了绘声绘色的精细描述。更因为北魏后期激烈的权力斗争几乎是围绕永宁寺展开，庄严慈悲的十方福地成为血腥之地，所以值得书写铭记：先是第一领民酋长尔朱荣驻兵于此寺，他拥立庄帝而后又死于庄帝之手；继而，尔朱兆等起兵讨伐，囚庄帝于寺内，最后将他吊死在晋阳的另一所寺庙内。

其时，佛教传入中土已有数百年之久，只是到了北魏时期，才得到了大规模传播（云冈石窟和龙门石窟可为佐证），这或许与以下情形相关。首先，十六国之乱刚刚平息，有百多年的太平日子，人们饱受离乱之苦后，寻找信仰和寄托，似乎发现这一套好生恶杀、讲究来世、死后去往西方极乐世界的话语很是切合当下世事，所以佛教流播迅猛；且佛教的理论虽然复杂，但是因果报应的道理浅显易懂，践行起来也还方便。其次是北魏政权是佛教传播与推广的主导力量，在中国，皇家倡导什么事情，人们必定一哄而上，往往弄到不可收拾的地步。最后是国人大兴土木的劲头受战乱抑制后，又获释放，其热情依傍于宗教信仰，似有了恒久意义上的根据。在西晋永嘉年间，洛阳周边总共才四十二所佛寺，到北魏后期，这个数字膨胀了三十多倍，佛寺成洋洋大观之势。但是，一方面是佛事奢靡，另一方面是佛教的教义和戒律被抛诸脑后。转眼之间，权力更替，杀戮四起，一切都成为镜花水月。

二

《洛阳伽蓝记》的独特价值在于它不仅是第一部描述寺庙建筑的著作，也是第一部集中记述中国建筑的著作。尽管之前在班固、张衡、左思等人笔下，也有对都市建筑的恢宏描绘，但那些只是总体的概括性描述。如左思的《三都赋》，连篇累牍，洋洋洒洒，辞藻精美。读者就是不清楚作者笔下到底是哪处景观、哪一座楼台或哪一处池榭，虽然有东西南北上下左右的方位标示，但读者还是混沌一片，而千年以下的我们更是一头雾水。这也难怪，因为那时交通不便，左思根本就没到实地考察，而是在自己书斋翻阅资料（所谓"稽之地图，验之方志"）外加向壁虚构。所谓"洛阳纸贵"，人们争相传抄，也就是在传播那种天花乱坠的感觉和排山倒海的修辞。

《洛阳伽蓝记》就不一样了，每一处寺院，或详或略，都有记载和描述。因为作者是一座一座伽蓝分别记叙的，内容非常有画面感和空间感。如写景林寺，除交代地点在开阳门内御道东外，即进入内景："讲殿叠起，房庑连属。丹槛炫日，绣桷迎风，实为胜地。寺西有园，多饶奇果。……中有禅房一所，内置祇洹精舍，形制虽小，巧构难比。加以禅阁虚静，隐室凝邃，嘉树夹庸，芳杜匝阶，虽云朝市，想同岩谷，净行之僧，绳坐其内，餐风服道，结跏数息。"整段描述由外而内，清晰简明，凸显出有层次的空间感。

写正始寺："檐宇清净，美于景林。众僧房前，高林对庸，青松绿柽，连枝交映。多有枳树，而不中食。有石碑一枚，背上有侍中崔光施钱四十万，陈留侯李崇施钱二十万，自余百官各有差，少者不减五千已下。后人刊之。"这里还把布施者情形和细节也记录在案了。

杨衒之笔下的法云寺更是色彩斑斓，历历在目："佛殿僧房，皆为胡饰。丹素炫彩，金玉垂辉。摹写真容，似丈六之见鹿苑；神光壮丽，若金刚之在双林。伽蓝之内，花果蔚茂，芳草蔓合，嘉木被庭。"

这些佛寺并非建于深山老林，而是立于闹市之中，所以作者用更多的笔墨描绘周边的风物和历史人文遗迹。如上文提及的景林寺，因位于洛阳城内，所以作者把方圆若干距离内的景物一一罗列，感觉是想借此将帝都风光囊括其中。如提及该寺附近三里地处，即有一处"翟泉"，这是《春秋》中记载的王子虎、晋狐偃结盟的地界。泉西有华林园和天渊池，池中有魏文帝曹丕建的九华台，北魏的高祖和世宗也分别在那里建了清凉殿和蓬莱山，海西有藏冰室，六月出冰，供百官使用，一旁还有景山殿。蓬莱山之西有姮娥峰，峰上有露寒馆，与飞阁相通；蓬莱山之南则有百果园，中有仙人枣，"核细如针，霜降乃熟，食之甚美"，有仙人桃，也叫王母桃。另有一片沙果林，林子南边有魏明帝曹睿立的"茄茨之碑"和北魏高祖的茹茨堂，林西边有流觞池，还有扶桑海，上有飞鸟下有鱼鳖，等等。

　　这里，作者的空间和历史意识交织在一起。其实，中国的文化人从来不缺乏历史意识，代际更替是他们拿手的写作素材，只是以往这种历史的纵坐标很少和空间的横坐标交织对接。这也是《洛阳伽蓝记》的价值所在。

　　说到空间横坐标，不能不提书中篇幅超长的"闻义里"一节，作者对这城北的闻义里，并不着眼于描绘具体的某座伽蓝，也不是仅仅叙述方圆几里地的一处里巷，而是记载了我国最早的西天取经过程，汇录了种种奇闻逸事。即居住在闻义里的敦煌人宋云和沙门惠生一路西行，取经求法，途经赤岭、流沙、吐谷浑、鄯善城、左末城、于阗、朱驹波、汉盘陀国、钵和国、乾陀罗等几十处地界，对那里的山川草木、奇风异俗均有着力描述。作者是力图在一个更开放的大千世界来展示洛阳伽蓝兴起的阔大背景，难怪后人要把此书归在地理类著述内。当然，有关西域的这些内容，并非杨衒之亲历，所以作者坦陈，是综合了《惠生行纪》《道荣传》《宋云家记》等文献编撰而成。然而，这比玄奘的《大唐西域记》要早了百来年，也许玄奘西行路上，行囊里是揣着《洛阳伽蓝记》的。其实，在《洛阳伽蓝记》面世之前，《汉书》早有《西域传》在，只是其中提及的许多地名和《洛阳伽蓝记》的记载不同，也许是因为时隔百年后的地名变迁，更可能是因为西天取经的路线和汉武帝开疆拓土的路线不在同一个纬度。

三

《洛阳伽蓝记》的看点非常之多，除了关注我国最早的佛寺建筑的风貌、规模和式样，书中还有狐怪的故事，也有关于朝中人物品类的叙述，风趣戏谑之事迭出，想必杨衒之撰写此书时，多多少少受到干宝《搜神记》和刘义庆《世说新语》的影响。

不过，笔者最感兴趣的是杨衒之关于达摩登临永宁寺的那段描述，不知作者到底是亲见达摩，还是依靠同时代人的从旁转述。有关菩提达摩的记载，在各类典籍中不少，譬如一苇渡江、死而复生、和梁武帝关于什么是功德的问答，等等。就是没有亲历者的见闻，殊为遗憾。这达摩到底长什么模样？《洛阳伽蓝记》或许是我国最早提及达摩的文献，但是从那段文字的上下文看，很难确定杨衒之是否就在达摩观光永宁寺的现场。作者写道："时有西域沙门菩提达摩者，波斯国胡人也，起自荒裔，来游中土。见金盘炫日，光照云表，宝铎含风，响出天外；歌咏赞叹，实是神功。"但是，我以为这只是事后的追述，因为杨衒之写此段话时已经是公元584年左右，是在达摩去世之后十余年。

不过，在另一部佛教典籍《五灯会元》中倒有一段记载，讲述了杨衒之面谒达摩问佛法的情形。杨衒之称："弟子归心三宝亦有年矣，而智慧昏蒙，尚迷真理。适听师言，罔知攸措，愿师慈悲，开示宗旨。"达摩念其诚意恳切，回应了偈语："亦不睹恶而生嫌，亦不观善而勤措。亦不舍智而近愚，亦不抛迷而就悟。达大道兮过量，通佛心兮出度。不与凡圣同躔，超然名之曰祖。"杨衒之听闻后"悲喜交并"。禅宗的精华似全在其偈语中，似是而非，又有多种读解。至于取哪一种理解，自然全凭个人的慧根。

由于他们是同时代人，都到过洛阳，杨衒之面见达摩亦有可能。不过，《五灯会元》是南宋普济僧人所著，相去北魏年代久远。而杨衒之自己和达摩的交谈并不见于《洛阳伽蓝记》，让人觉着困惑。另外，上述《洛阳伽蓝记》中的那段记叙，又不像是《五灯会元》中弟子对自己所崇敬的老师的口吻，也颇令人起疑。

达摩创立禅宗，影响深远，但是达摩在《魏书·释老志》中却无记载，可见那时禅宗刚刚兴起，尚无很大的势头。另外，也表明达摩老祖的种种非凡的神迹是在禅宗漫长的流播过程中逐渐演绎出来的，所以我连带着对禅宗二祖慧可的断臂求佛法也起了怀疑。说到《魏书·释老志》，似可多说几句。《魏书》乃北齐人魏收主修，他在综合前人成果基础上，带领人编撰了洋洋一百多万字。然而，魏收没有齐之太史、晋之董狐那般公正廉明，能秉笔直书，而是常借修史来"酬恩报怨"，所以《魏书》被后人称为"秽史"。如《魏书》竟然将郦道元收入《酷吏列传》中，但是又没有举出什么具体的靠谱的例子，只说他"素有严猛之称"或"威猛为治"，似很难有说服力。当然文中亦称"道元好学，历览奇书，撰注《水经》四十卷"，云云。不过，《魏书·释老志》倒是我国史书中最早记录宗教传播的文献，有其独特的价值。即以《魏书·释老志》的说法，佛教最早传入中国是在汉代，先是张骞出使西域，"始闻有浮屠之教"，不过那时国人对佛教很有隔膜，"未之信了也"。待到东汉，明帝派遣官员去天竺取经，得佛经及释迦立像，以白马负经而至，由此在洛阳建造了中国第一所佛寺白马寺。这也得到了《洛阳伽蓝记》的佐证。杨衒之在其著作中称："白马寺，汉明帝所立也，佛教入中国之始。"不过，对于这座中国第一佛寺，作者着墨不多，或许是这座四百多年前造的庙宇在建筑特点上实在太普通了一些，所以作者另辟话题，写了该寺佛塔前枝叶繁茂的石榴和蒲萄（葡萄）等果木，据说"白马甜榴，一实直牛"，即一颗大石榴值一头牛的价格。

《释老志》特别讲述了佛教在北魏的兴起过程。即北魏开国的两位君主，"亦好黄老，又崇佛法，京邑四方，建立图像，仍令沙门敷导民俗"，虽然有点兼收并蓄的意思，其实为佛教的传播打开了方便之门。其中一位叫法果的僧人，起了大作用，他的"诚行精至"打动了太祖道武帝，以至于他死后，道武帝"三临其丧"，此事颇为轰动。

佛教的流播，一有魏晋玄学的思想资源为基础，二是得益于佛经的翻译。道安、鸠摩罗什和僧肇等大翻译家都是在这个时期焕发出灿烂的光辉。不过，外来宗教进入中土也不是一帆风顺的，到北魏太武帝时，出现了中国的第一次灭佛运动。到了北魏文成帝时期，佛教传播才又逐渐恢复。

四

中国的史书和其他各种典籍汗牛充栋，但是记载的大都关涉政治权力斗争，所以可供编撰《资治通鉴》之类著述的资料最为丰厚，而有关建筑方面的史料则相对匮乏。至于像《洛阳伽蓝记》这类跟建筑相关而又有趣的书更是难觅。史书的各种

"志"包括天文、地理、河渠、历法、刑法、食货、职官、艺文、礼乐、舆服、仪卫等，名目也不算少，却没有建筑住宅方面的内容，大概日常生活的衣食住行都难入史家之眼，所以历来有大量的文人小品和笔记小说来填补这些空白。《洛阳伽蓝记》的难能可贵之处是，它最早展示了类似的空间文化。即该著述不仅写出了一百多所各各不同的佛寺建筑风貌，而且还把在这些建筑空间中并非同质的丰富的文化内容融汇在一起。

尽管寺庙的规模有大有小，但是中心大雄宝殿前后左右的建筑规制是大同小异的。外来膜拜的信众和寺内念经作法事的僧人，虽然身份各异，但是都处于同一个宗教场景中。然而，杨衒之的《洛阳伽蓝记》并非要再现当年香火旺盛的景象，而是在大批寺院"凋零"后，要对那逝去的繁华进行追述，因此，书中并没有关于任何佛典仪式和法事的内容描述，反倒是将自己的各种亲历见闻和坊间传说，统统纳入其著述中，上至王公贵族，下至贩夫走卒等，都能进入此视域之内。即尽管每一节的小标题均是落在某一伽蓝上，其内容却光怪陆离、五花八门。因为杨衒之的兴趣并非全在佛教上，毋宁说他更倾向于在特定的宗教场所中，综合地展现日常的生活内容。因此，作者于起始对庙宇的地理位置有所交代后，笔触立即甩开，扫描周边的人文环境，并记录历史沿革，然后是各阶层人物登场，共享此自然空间和物理空间。当然，从某种意义上说，读者也可将这一座座伽蓝看作背景，而作者似乎是在此背景上，将庞杂而丰富的、异质的画面拼贴在一起。

与宗教场所结合最紧密的首先是政治权力空间，作者一上来写永宁寺，就将北魏后期残酷的权力斗争作了总体勾勒，上层在政权易手之际，"召百官赴驾，至者尽诛之，王公卿士及诸朝臣，死者三千余人"，血腥至极。当然，宗教场所并非一直为政治权力所把持，更多的时候也为世俗空间所侵蚀，由此杨衒之更多的是将周边的里巷街坊也纳入笔端。如"寿丘里"一则，就是其中佳篇。寿丘里因为是"皇宗所居也"，所以奢华无度，一派"崇门丰室，洞户连房，飞馆生风，重楼起雾"的气象。这里既有豪门元琛与高阳王元雍斗富的争锋较量，也有婢女朝云吹箎吸引羌人来归的故事，还有百官负绢出乖露丑的笑料等，醉生梦死，声色犬马，成各种奇闻逸事之大观园。虽然过度奢靡的生活往往转瞬即逝，但是紧接着新的轮回马上到来，世事无常又世事如常。

不过在整部《洛阳伽蓝记》中，最有烟火气的，还数法云寺。因为作者直接就将附近的洛阳集市也一并囊括进来：

市东有通商、达货二里，里内之人，尽皆工巧、屠贩为生，资财巨万……

市南有调音、乐律二里，里内之人，丝竹讴歌，天下妙妓出焉……

市西有退酤、治觞二里，里内之人多酝酒为业……

市北有慈孝、奉终二里，里内之人以卖棺椁为业，赁輀车为事……

这东南西北四处写下来共有千把字，简直是一幅洛阳世俗生活的全景图：从卖肉的到酿酒的，从经营棺材的到娱乐行业，五行八作，林林总总，无所不有。

由这里见出作者在空间布局上的匠心，即通过对不同伽蓝的生动描写，分别把朝廷中枢的争权夺利、权贵豪门的奢华生活、市井细民的日常生态等不同的社会生活侧面一一展示出来。这是政治权力运作、精神信仰滋生和日常生活交杂的混合空间，这些彼此区隔的社会生活，原本是在不同的、平行的空间领域中有所延伸和拓展，现在通过伽蓝这个交汇点，被作者融合在一起了，斑驳灿烂，炫人眼目，显示出其特有的文化魅力。笔者以为，曾经的十六国犬牙交错的局面，南朝和北朝之间的人员或投靠，或叛逃，或流动的种种交往，开拓了杨衒之的视野，丰富了其空间观念，使之能体悟和洞察包孕万象的空间文化。

总之，在杨衒之笔下，宗教不仅和政治权力斗争捆绑在一起，和世俗的事务也紧密交织在一起，信仰和欲望在同一空间以不同的文化逻辑推进，兼容并包。在北魏，宗教是世俗生活的组成部分。宗教膜拜的空间和世俗生活的空间有时是平行的，有时是交叉的，甚至是互相替换的。如王公府邸转眼成了宗教场所，而宗教场所有时亦成呼朋引类之所，有时则用来囚禁王公贵胄等要犯。这一切又取决于历史的风向。

　　至于洛阳，经兵荒马乱之后，伽蓝倾圮，大多了无踪迹，但是毕竟"帝王东西宅，为天下之中，土圭日影，得阴阳之和"（李格非《洛阳名园记·序》），由唐而宋，洛都依然繁华。五百年之后在同一片土地上，又"生长"出一批馆榭池台，宋人李格非的《洛阳名园记》记载了其中的十九处园池胜景，虽然篇幅和内容上均少多了，无法和《洛阳伽蓝记》相媲，但是也让读者多少能窥见当年的风貌，教人感叹不已。

文物与宝物

如今国民的文物意识大大提高，认识到文物即宝物，只要打地底下挖掘出来的，都是好东西。无论是一枚石针，一片瓦当，还是破碎的陶罐或残缺的农具，统统都被搜集起来，放在博物馆的玻璃柜里，供人鉴赏。这里除了全民文化程度的提高，还应该归功于央视的《国宝档案》等一类节目和一些博物馆的免费开放，增强了人们的文物意识，不过，这类节目中，有些最后落脚点还是在宝物上，说得直白一些，就是值不值钱！就如北京台的鉴宝节目，最后的关键，是落在市场价格上，这也是吸引眼球的关键。

一

文物是宝物，宝物却不一定是文物。但是搁在几十年前，这一观念是倒置的，宝物可能是文物，文物不一定是宝物，或者肯定不是宝物。特别是那些不能搬到自家院子里，据为己有的文物。如北京的城墙是文物，但是体量太大，不能放置在博物馆，当然更无法被据为己有，搁哪儿都碍手碍脚，干脆拆了修二环路，那些墙砖，用来搭个柴火棚，垒个鸡窝什么的，还有些用场。再如大型洞窟中的佛像，矗立在那里，风吹日晒，日渐褪色，倒是不碍人们什么事，但它们不是宝物，难逃被砸毁的命运。笔者20世纪70年代曾到过龙门石窟，许多佛像的肩膀上都没有脑袋，那是反"封资修"的年代，估计砸整座佛像是一个体力活儿，光去掉脑袋既不太费劲，也表达了反对封建迷信和"破四旧"的决心。尽管是"封资修"，如果是一尊金身或玉佛，那待遇就不同了，肯定被保护起来，转移到博物馆或地库里，那不是因为佛爷的面子大，而是那金玉的材质魅力大。

到敦煌之前，英国的斯坦因和法国的伯希和，在我的印象中是骗子加强盗一类的人物，他们盗走了大量的中国文物，以今天的观念，他们骗走的都是好东西，大胆而狡诈，但是在百多年前，不仅是王圆箓，恐怕绝大多数人都认为他们是傻子，想想他们拉走的是什么东西啊，是一堆"废纸"，残缺不全的经卷、各种写本，上面抄写着谁都不认识的奇奇怪怪的文字。万里迢迢而来，他们怎么就看中了这么些陈年古董？

按照学者钱存训的说法，1907年斯坦因从藏经洞和敦煌附近拉走了7000来件文物和写本，除了多半是佛经，还有儒家和道家的经典，儒道以外的先秦诸子作品、史籍、韵书、诗赋、小说、变文、契约文书和其他各种公私文件。此外，还有一些梵文、粟特文、波斯文、回纥文及古藏文写本，另外，还有家常书信，如其中有七封信是粟特商人写给他们在撒马尔罕和布哈拉亲属的家信，信中述及通信的困难、商品的价格、银的兑换率和一些家常琐事。

斯坦因似乎也没有冲着财宝而来，尽管先后拉走了上万件文物，但也没有因此而发财，在这些文物中，纸本居多，能值几个钱？也只有放在博物馆和研究机构，才有价值。据说他到去世，终身未娶，一生节俭，没有房屋，没有什么其他私产。当然，斯坦因是有收获的，不仅写出了一大摞研究著作如《古代和田》《斯坦因西域考古记》《亚洲腹地考古图记》等，还换来了"敦煌学开山鼻祖"等各种学术声誉和显赫头衔，英国国王乔治五世还授予他印度帝国高级骑士爵位（另一方面也留下了恶名）。按照弗洛伊德学说来理解，他是将力比多全投射在考古学和文物研究上了，所以在攫取西域文物上贪婪无比，后来竟然将不能搬动的壁画切割下来掳走，实际上就是毁坏了文物。

藏经洞的打开是在1900年，待到1907年，那方寸之地早已被翻腾过不知多少遍了，如果有值钱的东西早就被掳走了。假设这堆什物中有王羲之的字或吴道子的画，王圆箓再愚昧也不至于轻易脱手，哪有斯坦因的份儿。再说，敦煌在中国的腹地，斯坦因从哪儿出境都不易，路途遥远，又没有飞机、火车可搭乘，交通工具基本就是骡马大车，四处茫茫原野或戈壁，如果碰上强人剪径是没地儿躲的。我想，如果遇上强人，他们觑中的一定是洋人口袋里的钱财，而不是那一车中国的"破烂"。那时节，这样的老古董肯定比今天容易寻觅，也相对好搜集（估计造假也没有今天那么猖獗，造假只有在成为一个产业链时，才有利可图）。也没听说有什么歹人潜入莫高窟盗宝。也许多少年之后，我们的后辈写穿越小说，会编出敦煌盗宝记这样的故事来，在这样的故事中，莫高窟周围一定有城管巡逻，甚至有武警把守，但那时，藏经洞只有王圆箓一人把守，他外出时，守护莫高窟的是一扇木门和一把铁锁，仅此而已。

据说王圆箓还是有一些眼光的，或者说有些嗅觉，感觉到藏经洞里的这堆什物可能有价值，当然，所谓有价值也是指文物价值，不是宝物价值，如果是宝物，他早就秘而不宣，拿去换银子了，省得到处化缘来盖他的道观太清宫了。他曾向地方的各级行政长官通报了数次，得到的答复是就地保管。这中间，有一位道台，还对比了王圆箓呈上的写本，认为那上面的书法不如自家的写得好，关注的是其书法学上的意义。

二

在现代汉语词典里，文物的概念和宝物的概念是不同的、分开的。在现实生活中，这两个概念是交叉的，有时是等同的、难分难舍的。

宝物是独立的，不需要衬托，无论在珠宝店，在博物馆，还是私人收藏家那里，都会射出耀眼的光芒，让所有的人眼前为之一亮。文物是要在一定的知识背景中，在一定的语境里才有价值。今天来看，莫高窟的一切，哪怕是一抔黄土都是宝贝，可是那时节，莫高窟几近废墟，只有王圆箓（或许还雇有一两个人）在那里忙碌、清理。谁也不认为藏经洞里的这堆什物有多么重要的价值。这跟卞和献璧不同，和氏璧是宝贝，楚王或楚王的近侍、玉工等有眼无珠，不识荆山之玉。而敦煌的情形与此不同，那些纸本和经卷只有在现代考古学、人类学、民俗学、语言学和宗教研究者的视野中才有价值，所以要等到斯坦因和伯希和等人的登场，才显出意义来。

这是很悖谬的事情，王圆箓和斯坦因造就了敦煌学，却同时背负了罪名。如果当初王道士发现藏经洞后，胡乱处理，甚至烧纸取暖，反倒不会有人指责，王道士会被认为是无数道人中较为寻常的一个。或者说斯坦因拿走这些，没有送回英国，中途不测，文物散佚，反倒不会有人指责，事实上，他多次考察中国西部，在到敦煌之前的1900年，已经在从喀什到和田的途中搜集了大量的文物，如陶片、钱币、金属器皿、简牍、写本、画像等等。若没有敦煌学的崛起，则可能他的这些占有，没有多少人会记得或提及。在国人眼里，他最多是一群西方探险家和考古学者中面目模糊的一员。然而有了敦煌学，情形就不一样了，或者说敦煌学越显赫，他们身背的罪名越重。其实，敦煌学并不是必然会有的，这是意识历史或者观念历史的产物，正是斯坦因和王道士的偶然相遇，给了历史以产生敦煌学的机遇，当然还要有伯希和的跟进和法国汉学研究的兴盛，否则，以中国（或大清）当时的情形而断，恐怕这类文献资料被毁弃和埋没的可能性居多。

敦煌藏经洞的发现虽然是千载难遇，但以中国地域之广、历史之悠久，类似的情形一定会重现，特别在西北之地，气候干燥，东西不容易腐烂，成捆成堆的文物出土，保不齐会有岐山学、丰镐学、凉州学等问世。依中国自己的深厚的金石、小学、考据研究传统，似乎接下来应该有这个学那个学的产生，但是实际情形是没有。所以还是这句话，敦煌学并不必然会产生。真所谓世有伯乐而后有千里马，千里马常有而伯乐不常有。

在那个兵荒马乱的年代，中华大地还没有产生如法国的敦煌学、西域史学的土壤（所以中国敦煌学的开拓者是法国留学回来的常书鸿，这很顺理成章）。即便是战争消弭，情况也不乐观。北京城墙就是在和平年代消失的，在人们的眼皮底下消失。当然，我们可以为此找到许多理由，如为了首都的发展；为了经济建设；此一时彼一时，不能以今天的眼光来要求当时；等等。但是，我们同样也可以为王圆箓找到许多理由，为了莫高窟的发展，为了道观建设的需要，等等。笔者很欣赏余秋雨先生《文化苦旅》中的某些篇章，但就是不明白，为什么在《道士塔》一文中将那么尖刻的责难加于王道士一身。一些中学课本又恰恰选了这一篇散文，使王道士被钉在历史的耻辱柱上。为了今天的爱国主义教育，就需要牺牲一些小人物？当初北京城墙拆毁前，梁思成等著名学人曾苦苦劝阻并反复陈述理由，尚且没有奏效。而王道士身旁毕竟没有先觉先知者如余秋雨先生这样的劝诫，倘若有，我想敦煌文物的命运一定会比北京城墙的命运要好些。

或者是有识者得之吧，斯坦因欺骗也罢，装出一副虔诚的样子也罢，总之他认定这是宝贝，尽管其时他基本读不懂这堆东西（斯坦因不懂汉语），汉学与语言学方面的功底不及伯希和深厚，眼光和识断也没有后者老到，所以掳走的东西反而就更多，强烈的文物意识驱使他席卷一切。于是斯坦因得到了卷子，王圆箓得到了银子。除了斯坦因和伯希和等，又有谁会将它们当作宝贝来看待？大清皇朝摇摇欲坠之际，好像什么学问都没有意义。这不是指当时中国没有识者，而是整体上，社会意识层面上没有引起足够重视。那时现代意义上的考古学、人类学、民俗学等尚未在中国生根，那些个不起眼的经卷、写本尚未有后来所赋予的那些非凡的价值。这里还应该看到，伯希和满载敦煌文物的马队堂而皇之地到郑州，又换乘火车到北京，然而再下南京和上海，引起了一些中国学者的关注，他们"为伯希和举行了一次宴会，并且结成一个社，以选择他携带的那批文献中的珍贵者，将它们影印发表和刊印成一大套书。他们甚至要求伯希和作中间调停，以便将来能在巴黎方便他们在这方面的工作"。只是没有看到官方和学术界的交涉和赎回的要求，如这些珍贵文物应该留在中国等。

现在想来，斯坦因、伯希和等倒是真正的文化苦旅者，即便在交通发达的今天，我们依旧可以想见百多年前塞外大漠旅途的艰辛和种种风险，飞沙走石，风餐露宿。但他们得到了梦寐以求的或令自己喜出望外的东西，中国却失却了本不应该失却，然而在那个年代却不太可能完好保存的东西。

三

无论是文物还是宝物，总是物以稀为贵。走进大英博物馆的埃及馆，劈面而立的是罗塞塔石碑，这块被人们称为钥匙碑的镇馆之宝，镌刻着托勒密五世加冕一周年时的诏书。石碑的正面有三段不同的文字。居上是古埃及的象形文字，中间是立碑当时的埃及通俗文字（公元前1世纪），最下方是希腊文。后来的学者根据下方的希腊文和埃及通俗文字破解出早已失传的古埃及象形文字，并且发现，埃及的象形文字并不全是表意字，它们居然也可以是表音的，即象形字符同时是拼音符号。破解古埃及的文字之谜，吸引了欧洲许多语言学、文字学研究者，英国的托马斯·杨和法国的商博良是其中的佼佼者。他们是同行又是对手，互相之间较着劲，最后是商博良胜出。学术研究中竟然有了竞技的成分，这就有了情节，有了悬念，有了观赏的焦点，如后来的达尔文与华莱士之间也是这种关系，《物种起源》的仓促发表是达尔文为了抢在华莱士之前公布自己的进化论思想，情形有些惊险。这类学术竞争有时像智力游戏，常常成为历史佳话，所谓胜出，其实也是在吸收了前人和他人成果之上的一次飞跃，是人类文明达到一个新高度的标志，虽然其间也难免有争夺、狡黠和欺瞒，但毕竟没有权力竞争的血腥味。多少年之后，当《雍正王朝》《张居正》等小说或电视剧被人们津津乐道时，这类小圈子内的学术竞争听起来就显得分外迂腐了。

无独有偶，这回在银川西夏王陵，也看到了一块钥匙碑，它是有着西夏文和汉文两面碑文的《凉州重修护国寺感应塔碑》复制品，真品在武威市的博物馆内。西夏王朝于1227年为蒙古大军所灭，延续了近两百年的西夏文明从此湮灭不传，所以到1804年，感应塔碑的发现，使得一个消失了近六百年的文明重见天日，本该是石破天惊的大事，但是实际上却未引起什么波澜。也许在"天朝"文化人眼里，这蕞尔小国或化外之地的物事，不值得大惊小怪？

西夏文无疑是"天书"，这是当年西夏王朝的大臣野利仁荣仿照汉文和藏文创制的一套表意文字，结构方正，笔画繁冗。这些方块字，远看个个眼熟，近看一个也不认识（在1989

年的现代美术展上,笔者观看徐冰创作的《析世鉴》,就是这种感觉,由此相信徐冰的创作灵感最初可能来自西夏文)。

张澍发现西夏碑比法国人发现罗塞塔石碑仅晚了五年,但是这两块碑的命运完全不同。罗塞塔石碑很快就有了归属之争,尽管石碑是在埃及的罗塞塔附近的一处要塞发现的,但法国人认为,是他们首先寻觅到的,拥有物权。英国人的逻辑是,既然英国军队打败了法国军队,那么一切都是英国的战利品,包括罗塞塔石碑。于是法国人又偷运,英国人又拦阻,最后就装船运到了大不列颠。我怀疑这后面的偷运之说是好莱坞电影人的祖先虚构的,当然也可能就是真有其事,生活总是比电影更丰富、更传奇。

西夏碑则不久就被人遗忘,尽管乾嘉学派的主要人物如戴、段、二王精于考据。除了戴震,其他三位段玉裁、王念孙、王引之都健在,但中原的考据和训诂之风不够强劲,并没有"刮"进西域。西夏文的再次引起人们注意是在一百多年之后。当19世纪70年代,英法等学者在争论居庸关下云台门洞中镌刻的六种文字中唯一无法识别的文字(其余五种已知的文字分别是汉文、梵文、藏文、八思巴文、回鹘文)到底是女真文字还是什么别的文字时,人们显然不知道西夏文碑的存在,当然更不知道张澍的发现。直到1908年《番汉合时掌中珠》等西夏辞书在黑水城(今内蒙古额济纳旗境内)重现,人们终于获得了解开西夏文的密钥。自然就没有了像破解古埃及文那样来破解这"天书"之谜的惊心动魄的故事，该碑直到1961年才成为国务院公布的第一批国家重点文物。

有道是黄金有价玉无价，玉的品种太多，种类繁杂，无法用统一的标准来衡量。套用到本文，亦可说宝物有价文物无价。因为文物的种类更广，更加繁杂，并且文物概念还是不断延伸的。所谓文物，时间的长度（即历史悠久）只是一个方面，文化的走向、观念的演变和某些风尚的相互作用均决定着文物概念的内涵。前文说过，一定的知识背景、意识形态、某种语境和氛围都是文物的构成要素。这样说来，就有点神秘，有些玄乎了，还是打住罢。

当然什么事情都不绝对，保险公司的一位朋友告诉我，文物是有价的，因为他们公司曾经为一些文物展品作过保单，那上面，文物分明是有保价的呀！

灵　渠

　　去过桂林多次，每次去总少不了游漓江、去阳朔，或者参观芦笛岩和七星岩。早先漓江的水量充沛，游漓江的船停泊在解放桥附近，上船后要走一段水路才能看见象鼻山，过象鼻山，气象逐渐开阔，水光云天下，葱白的山簪一座座拔地而起，尽显喀斯特地貌的美妙。这些年漓江水势渐减，登游船的地点就在象鼻山以外，再去桂林开会或出差，觉得桂林变得乏味起来，号称"山水甲天下"的峰峦在一幢幢威猛的高楼大厦背后露出怯生生的山尖，有点像给每座楼派发了一顶瓜皮小帽。

　　市政当局为增加旅游景点，疏通了两江四湖，造了卧姿各异的景观桥和玲珑剔透的日月双塔，使得桂林市区更加美轮美奂，游两江四湖的船票通常要预订，可见是热门景点。只是没有人跟我提起过几十里开外的灵渠，因此当文辉带我们一行人去灵渠时，还以为是又一个新开发的旅游景点，全然不知道，将要拜谒的竟是两千两百年前开凿的伟大水利工程。

一

古老的灵渠，作为景点，是很晚才开发的，20世纪80年代末，才被公布为全国重点文物保护单位，2006年成为国家AAAA级旅游风景区，可能是由于交通和宣传方面的因素，灵渠的知名度似乎并不高，当我走进灵渠园区的大门时，还以为是兴安县境内一处略加修缮的自然风景地。

说起来，作为"伟大水利工程"的灵渠，还正像是一处自然风景地，因为它的伟大是隐藏在自然山水之间的，不露真容。只有分水的铧嘴和大小天平坝的稍稍隆起，显示出人工作业的痕迹。与同是两千年前的水利工程相比——如古罗马人在西班牙塞哥维亚修建的大渡槽——灵渠称得上是鬼斧神工。塞哥维亚大渡槽的宏伟壮美绝对是没的说，两万多块花岗岩巨石构筑的连续拱形主体延伸八百多米，远观就像腾空而起的巨龙。然而，面对早期社会的这类体量无比庞大的建筑，不仅顿觉自己渺小，还总会有阴暗的联想，如劳民伤财、孟姜女哭长城……因此在情感的倾向上，我已经站在既不显山露水，又浑然天成的灵渠这一边了。我想，塞哥维亚大渡槽输送水的功能实在有限，且工程浩大，靡费大量人力物力，肯定不完全是出于实用目的，应该还有其他的考虑，如炫耀实力，增加城市的美观度，再如展现建筑能力，等等。总之，不完全是出于民生的考虑，因此其文化意义大于实用意义。

灵渠的开凿也并非出于民生的考虑，这是北方的强秦开疆扩土，打到岭南地区，为了运送士兵和军粮而修建的。待到征服百越，战争残酷的一页翻过，照理应该在史书上留下一些辉煌的记载，如疏通河川，以利舟楫，泽万顷良田，功在千秋等，遗憾的是史书上似无多记载，例如在《史记》的《河渠书》中就毫无这方面的内容。

司马迁"南登庐山，观禹疏九江，遂至于会稽太湟，上姑苏，望五湖；东窥洛汭、太邳、迎河，行淮、泗、济、漯、洛渠；西瞻蜀之岷山及离碓；北自龙门至于朔方"，足迹遍布五湖四海，其《河渠书》开篇从大禹治水写起，经李冰父子开凿离堆（即离碓）而筑都江堰，再到郑国修渠、西门豹引漳河水入邺，一直写到当朝孝文帝和汉武帝时的百官治理黄、淮、洛水等，洋洋洒洒千余言，就是没提及这么有技术含量的灵渠，颇令人纳闷。司马迁是否压根儿就不知道有那么一条渠的存在？答案又是否定的，因为在其《史记·平津侯主父列传》中，就有秦兵"南攻百越，使监禄凿渠运粮，深入越"云云。公孙弘在总结秦王朝的败亡原因时，其作为秦王朝穷兵黩武的一个例证被提及，这是一个反面的例子。由此看来，根本原因可能是灵渠偏于一隅，路途遥远，司马迁足迹未到。否则以太史公之视野、博学和判断，断无忽视灵渠的理由。

灵渠也可以说是中国最早的运河之一，虽然总长只有三十多公里，却沟通了长江和珠江两大水系，使得南下的漓江和北去的湘江水脉相连，在灵渠的铧嘴不远处，立着乾隆年间的书碑，上有清人查淳所写"湘漓分派"四个大字，碑身仅一人多高，但可谓气势干云。因为这四个字让人联想到浩渺的洞庭和蜿蜒美丽的珠江。

　　查淳是桂林知府，灵渠所属的兴安县地界正是他的治下。查淳的老爹也是知府一类的官员，当年为疏浚灵渠河道，探寻过湘、漓之源头，因此查淳在此处立书碑并不能算附庸风雅，而是有职分所在的意味。如果说桂林的地貌可以用"钟灵毓秀"来描绘，那么兴安这边可以用"人杰地灵"的"地灵"来形容，说兴安是地灵之地，是因为这两千多平方公里的土地，也就两个香港的面积，竟然是湘江和漓江两条历史名河的发源地。虽然郦道元在《水经注》上称"湘漓同源，分为二水"，实际上这"二水"分属于不同的山系，中间隔着湘桂走廊这狭长的谷地。而且这两条极有个性的河流居然背道而驰，"各奔前程"。湘江源出于兴安县南部的海洋山脉，故源头被称为海洋河，此后一路向北，有朝觐中原的意味；而漓江源则打兴安西北的猫儿山下来，我行我素，一路往南往西，蜿蜒曲折，奔梧州方向而去。多少万年过去，这两条河互不打照面，突然在某一天，灵渠就像丝绸腰带那么一搭，将它们松弛地绾系在一起，真是相得益彰。想起作家张承志当年写北方的河多壮阔伟岸，而南方的河则清秀灵动，穿行于山林和田畴之间，又有沟渠相连，很有几分亲切感。

二

挖渠对于一个能修万里长城的民族来说不是什么难事，灵渠之灵在于那些建筑的细节。当园区的讲解员就灵渠具体的工程构造一一道来时，我听得两眼发直，一是外行人本来不懂水利建筑，名词术语听着陌生，二是其细致和讲究的程度叫人吃惊，这难道是两千两百年前的技术水准？

当年作为知青下乡，正逢农业学大寨，时不时也搞水利建设，那时的高举高打、粗放粗作，现在想想都脸红。年年马马虎虎地挖渠，年年淤积坍塌，"与天斗""与地斗"的口号喊得山响，却斗得毫无技术含量，难道我们一度都退化为猿人了？眼前的水利工程真可谓精品杰作，由铧嘴，到大、小天平坝，再到陡门、水涵、堰坝等，每一个细部和细部之间的组合都环环相扣，使得工程的整体构想能得到具体的落实。单说那起缓冲和分水作用的石砌铧嘴，就向上游方向延伸出百把米，可谓千年大计，已经把日后多少年水流的冲刷和淤积造成的损害预计在内了，所以到了清代重新疏浚修缮时，将铧嘴长长的前部废弃，一点也不影响分水的效果。与铧嘴相衔接的是作为拦河坝的大、小天平坝，它们既蓄水又分水，因此大、小天平坝的夹角成108°的斜势，以减少迎面来水的压力。坝体各部分所用的石灰岩条石、鱼鳞石和混黏土沙卵石也各有讲究。所谓鱼鳞石就是将石条几近直立地嵌入式排列，故立面呈鱼鳞状，以应对日积月累的水力冲击；条石与条石之间还有石榫铆定；条石与鱼鳞石之间以掺有桐油的胶结物粘合，坚固异常。不仅仅坚固，还很灵巧和便利，在灵渠河道分布的各座斗门就是便利的见证。这斗门就是所谓船闸，是为了船只的通航，蓄水和排水。尽管所谓斗门，到唐朝才有记载，但是我相信，既然灵渠最初的功用是运兵和粮草，那时就应该会有替代性的船闸，否则通航就有困难。

现在应该回过头来说说灵渠的设计者和建造者了。若非史籍记载，简直不敢相信我们的祖先早在公元前几百年就有这等智慧。此人就是史禄，即《史记》中提到的"使监禄凿渠运粮"的那一位"监禄"。据说《淮南子》和《汉书》中均有简略的记载。当然，关于史禄更详细的情形就不得而知了，甚至他姓什么都存疑，因为"监禄"或"史禄"的头一个字是官职，"禄"才是本名。不过这不影响后人对其功绩的肯定和赞扬。许多年以后，宋人周去非在其《岭外代答》这本古代地理名著中提起史禄时，双手都翘起了大拇指，原话是"岂唯始皇，禄亦人杰矣"。也就是说，有了湘、漓二水，有了史禄，前面所说兴安县"人杰地灵"，这四个字就占全了。

打小受到的教育是，中国有悠久的历史传统，中华文化博大精深等等，初时肃然起敬，但是慢慢地觉着这是阿Q式的自夸和自慰，在实际生活中不觉得我们有那么多优秀传统。灵渠的存在，表明我们的祖上还真的阔过，历史的嘲弄加上吾辈的无知，一度使我忽略了中国历史上的优秀科技人才和能工巧匠所作出的贡献。

当然我清楚，史禄并非奇人，灵渠亦非奇迹。灵渠在那个时代的出现，虽然代表了当时中华民族的治水水准和高度，却不是绝无仅有。不往远处说，更不必上溯大禹治水，光是在那短短的半个世纪里，秦就先后建成了三大水利工程，这就是公元前256年建成的都江堰，公元前236年完工的郑国渠（此郑国非春秋战国之郑国，而是韩国的水利专家，姓郑名国），然后就是灵渠，通航于公元前214年。说起来灵渠还是最晚建成的，所以有人演绎，史禄早年参与了郑国渠的建设，是从郑国渠的开凿中积累了丰富的经验；也有人说，史禄是郑国的弟子，被派往岭南修渠。应该说以上演绎都有其合理性。因为从年代上说，郑国渠与灵渠相对近一些。另外，关于郑国渠的故事和种种传说极富戏剧性和传奇色彩，拍几十集电视剧绰绰有余，因此各种附会自然多多。

三

郑国何许人也？他是韩国的水利专家兼土木工程师。不过我以为他也是一位高明的说客。最早的史书有那么一段记载，直接可以用作"战国疑云"一类谍战剧的梗概：

韩闻秦之好兴事，欲罢之，毋令东伐，乃使水工郑国间说秦，令凿泾水自中山西邸瓠口为渠，并北山东注洛三百余里，欲以溉田。中作而觉，秦欲杀郑国。郑国曰："始臣为间，然渠成亦秦之利也。"秦以为然，卒使就渠。渠就，用注填阏之水，溉泽卤之地四万余顷，收皆亩一钟。于是关中为沃野，无凶年，秦以富强，卒并诸侯，因命曰郑国渠。(《史记·河渠书》)

太史公就是太史公，短短百多言，就将这么重大的水利工程、历史事件及其中的曲折交代清楚了。郑国劝说秦国修渠，乃是施展"疲秦"之计，以消耗秦国的国力，使其抽不出身来伐韩，结果想不到此渠修成后，借灌溉之利，秦越发强大，不到十五年工夫就并吞了六国。自此改变了中国的历史走向。那郑国也是胆识过人，计谋败露之际，仍能说服秦王继续完成其水利工程，而且事成之后，居然还能以他的姓名冠名，也算是千古绝唱。因为从最原始的大禹治水到今天的三峡水库，但凡有耳闻的大的水利工程，还真没有其他以个人名字来命名的。由此看来，当时的秦王（仅限于当时）也算是尊重知识、尊重人才的。

郑国渠开通，引泾水入洛水，横跨三百余里，灌浇关中平原，同时将泾水夹带的泥沙携入下游，改善了下游一带的盐碱地，可谓造福万方。如今郑国渠的完整原貌已难寻觅，因为该渠年久失修，故道倾圮，所以这两年，泾阳等地在搞郑国渠国家遗址公园的开发项目。至于当年开渠的种种科技创新如能有所还原，当属世界水利科技史上值得秉笔书写的章节。据说郑国渠的奥妙在于其"横绝"技术，该渠一路向东，途中要横跨若干条河流，郑国要处理和应对不同的水文和地理难题。而该渠既能把河水揽入渠中，增加下游的供水量，又能妥善地解决泥沙淤积的问题，可谓绝活。当然，郑国治水的具体思路和技法是否流传于后世？关中平原两千年以来，前前后后的水利建设是否受益于郑国？当初那么伟大的水利工程怎么就没有得到修复和保存？或者说郑国渠在修建之初就有某种暗疾，所以后人改弦更张、另辟蹊径？这一切需要有关专家或专项研究人员来回答。总之，在那时，此渠一开，黄金万两，不仅没有达到"疲秦"的目的，反而是加快了秦统一六国的步伐。

　　今天我们只能相信郑国身怀绝技，否则秦王不杀他已经是皇恩浩荡，何必还继续让他总管作业？只是郑国的那一套治水本领是独出机杼还是有所借鉴、有所继承，倒是值得追问。我以为，郑国有才华是一方面，那时的大环境造就科技人才也是一方面，所谓形势比人强。那时候一说起治水，就像今天人们说起建设互联网，没有人能够抗拒，也因此郑国一游说，秦王立马点头同意，丝毫不怀疑郑国的动机，并投入了大量的人力物力（也有说法是，那时秦王尚年幼，是当政的吕不韦接纳了郑国的开渠建议）。即便数年后经人告发，郑国的"用间"身份坐实，秦王出于强国富农的愿望，仍未改变初衷。反过来，韩国上下觉得能以此法来说动秦国，也说明兴修水利以利农桑是当时的"普世价值"。

其实，中国是农耕社会，向来关注水利技术方面的建设，水利是农业的命脉。中国历史的开篇就是大禹治水，中国历史上第一次大的生产技术方面的路线和观念之争，就是治水到底是用堵的方式好呢，还是疏导的方式更有效？再往下，《史记》有《河渠书》，《汉书》有《沟洫志》，三国至北魏有《水经》和《水经注》，《宋史》《金史》《元史》《明史》等也都有《河渠志》，以记录水系变化，水利建设方面的作业和成就。由此，"河清海晏"也成了太平盛世的代名词。

回过来说，秦正是由于此前在水利建设上尝到了甜头，所以才对开凿郑国渠如此热衷，据传一下子派出十来万人，搞得轰轰烈烈。这所谓甜头，就不能不说说蜀地的都江堰。

四

在秦代的三大水利工程中，都江堰最为巧夺天工。

如果说遇见灵渠时我颇感意外，那么当初劈面都江堰对我来说就是强烈的震撼。若说郑国渠和灵渠等的开凿，从整体上表明了中国古代的水利科技水平所达到的高度的话，那么都江堰的出现绝对是奇迹，即便以今天的眼光来看，都江堰无论在总体构思、设计上的精妙合理，还是到最后实施过程的浑然天成，都堪称无与伦比。说它是奇迹还有另一个理由：这是迄今为止我们能亲见的、体现中华民族早期智慧的最铁定的证物。如今古籍上记载的许多辉煌的科技发明,均不见踪影,如晚于此两百多年的汉代,张衡制造的浑天仪和地动仪,如今在哪里?再往下,诸葛亮的木牛流马又在哪里?今天关于这些的记载都不过是传说,几近于神话。连治水的大禹都可能是神话人物(顾颉刚认为,大禹到底是神话故事人君化,还是初民时期的人君神话化尚可讨论,当然他倾向于前者),盖因除了《尚书·大禹谟》《尚书·禹贡》等文献,没有太可信的证物。而《尚书·禹贡》中又将禹描绘成无所不能的伟人:在他的亲力亲为下,立马天下大治,"九州攸同,四隩既宅,九山刊旅,九川涤源,九泽既陂,四海会同。六府孔修,庶土交正,厎慎财赋,咸则三壤,成赋中邦。锡土、姓,祗台德先,不距朕行"。事情往往是过犹不及,这样一来大禹不是神也是神了。所以尽管全国的大禹庙有五六处之多,但都只能作民间信仰和民风民俗观。恰恰都江堰幸存下来了,跨越千年,屹立不倒,连地震都难以撼动。

都江堰是李冰父子所为,尽人皆知。可惜李冰是哪里人却无考。公元前316年,秦惠文王征服巴蜀之地,成都平原及其周边自此就成了秦的一个郡。公元前256年,李冰被任为蜀郡太守,开凿都江堰,成一代伟业。我之所以关注李冰是何方神圣,是因为好奇他的治水技术承传于何人,比如其祖上与魏国的西门豹有什么关系?或者像大禹一样,父亲也是水利专家,得之于家传?当然,不管他受何种恩泽和培养,李冰本人无疑是治水的天才，仅在任六年，就将成都平原治理得风调雨顺，遂使之有了"天府之国"的美名。

都江堰水利工程之妙，在于无坝拦水分水。面对上游岷江的汹涌来水，前有鱼嘴分水，后有凿开的玉垒山（呈宝瓶口状）引水，在鱼嘴和宝瓶口之间又有飞沙堰可再度分洪。在宝瓶口下方还有数条河流引水，这一切均形成了十分完美的组合。自此，从岷山山脉飞奔而下的岷江，在鱼嘴处被分成内江和外江，原先岷江的故道成为外江，从成都平原西侧南下，直奔长江。而经宝瓶口流向成都方向的即为内江。内外江分水的比例是四比六，既能分洪，还能合理地分配水资源，满足了岷江下游农田灌溉的需要。

都说中国古人讲究"天人合一"，都江堰就是"天人合一"的典范。李冰父子在全部的工程中没有筑过横截江流的堤坝，分水或引水一切均顺势而为。故晋人常璩在《华阳国志》中引用古书的说法，极赞都江堰："水旱从人，不知饥馑，时无荒年，天下谓之天府也。"这"水旱从人"之说，就有天人合一的意味在。当然，再完美的水利工程也不是一劳永逸的，需要不断地维护。都江堰就有岁修制度来维护，还有"深淘滩，低作堰"的信条和规则要遵守。这许多细节听起来有点复杂，但倒是不难理解，只是叙说起来，不那么直观。许多人慕名而游览都江堰，早有充分的心理准备，一旦亲临，还是会被折服，这难道是两千两百年前的杰作吗？真是我们爷爷的爷爷的爷爷……那辈人留下的？万般神奇呀！若说中国只有一个都江堰，可以看成天降奇迹，体现了上苍对川人的眷顾和偏爱。然而，仅仅半个世纪的工夫，我们的祖先就拥有都江堰、郑国渠和灵渠这三大水利工程，表明在这片广袤的土地上的住民曾有这样的优秀品质：勤劳、勇敢、重实干，有创造力又有科学精神。无疑，以往对中华民族的一切赞语应该都成立！

李冰治水有功造福四方，百姓纪念他，自然是立祠又塑像。他也难免会被传奇化和神话化。李白《蜀道难》有云："蚕丛及鱼凫，开国何茫然。"于是李冰就成了蚕丛和鱼凫的后人，不仅本乡本土化，而且家世背景也大有来头。在时间的发酵过程中，慢慢地，李冰有了呼风唤雨的能力，也有了降龙捉怪的本领，更有人认为，那位武功可以媲美孙悟空的二郎神，其原型可能就是李冰之子李二郎。

宋人黄休复笔记《茅亭客话》中有类似这方面的记载：

> 蜀困水难，至于白鼋生蛙，人罹垫溺且久矣。公以道法役使鬼神，擒捕水怪，因是壅止泛浪，凿山离堆，辟沫水于南北为二江，灌溉彭、汉、蜀之三郡沃田亿万顷，仍作三石人以誓江水曰：俾后万祀，水之盈缩，竭不至足，盛不没肩。又作石犀五，所以厌水物。于是蜀为陆海，无水潦之虞。万井富实，功德不泯，至今赖之。咸云：理水之功，可与禹偕也。不有是绩，民其鱼乎！每临江浒，皆立祠宇焉。

但是，无论怎样神话化，没有人会把李冰当成纯粹的神话人物，盖因都江堰的存在，证明李冰是一个实实在在的历史人物，同时也表明在李冰那个时期，中华民族已经有了相当高的科技水平和治水能力，且领先于全球。

五

这里，必须说说笔者的一个猜想，也可以说是关于"李约瑟猜想"的猜想。

所谓"李约瑟猜想"，又称"李约瑟之问"。20世纪50年代出版的《中国科学技术史》的第一卷序言中，这位著名的科技史专家曾经这样写道：

> 广义地说，中国的科学为什么持续停留在经验阶段，并且只有原始型的或中古型的理论？如果事情确实是这样，那么在科学技术发明的许多重要方面，中国人又怎样成功地走在那些创造出著名"希腊奇迹"的传奇式人物的前面，和拥有古代西方世界全部文化财富的阿拉伯人并驾齐驱，并在3到13世纪之间保持一个西方文明所望尘莫及的科学知识水平？中国在理论和几何学方法体系方面所存在的弱点，为什么并没有妨碍各种科学发现和技术发明的涌现？中国的这些发明和发现往往远远超过同时代的欧洲，特别是在15世纪之前更

是如此（对于这一点可以毫不费力地加以证明）。欧洲在16世纪以后诞生了近代科学，这种科学已被证明是形成近代世界秩序的基础之一，而中国文明却未能在亚洲产生与此相似的近代科学，其阻碍因素是什么？另一方面，又是什么因素使得科学在中国早期社会中比在希腊或欧洲中古社会中更容易得到应用？最后，为什么中国在科学理论方面虽然比较落后，但却能产生出有机的自然观？这种自然观虽然在不同的学派那里有不同形式的解释，但它和近代科学经过机械唯物论统治三个世纪之后被迫采纳的自然观非常相似。

以上这段思考包含着多重角度和含义，但是后来国人将李约瑟之问作了最扼要的概括，简言之就是中国古代科学技术十分灿烂辉煌，为什么近代科学革命没有在这块土地上发生？其实在20世纪40年代，初次来访中国之前一年，李约瑟受到《自然》杂志和英国广播公司的节目邀请，所想讨论的问题之一就是"中国的科学从整体上讲为什么'从来就不发达'"。注意！他那时说的是"从来就不发达"，而不是后来所说的"在3到13世纪之间保持一个西方文明所望尘莫及的科学知识水平"。只是到近代，中国科学技术才落后。

是什么促使他改变了这一看法？都江堰！

当然，这是笔者关于李约瑟猜想的揣测。20世纪90年代，笔者第一次游览都江堰，突然就想到了李约瑟，此前并未翻看过他的著作，只知道他的皇皇巨作《中国科学技术史》有多少大卷，详尽介绍了中华古代科技文明，当时的直觉是这位洋人科学家一定是来过都江堰考察，只有来过此地，并亲见如此伟大的水利工程，才会对中国古代科技抱有如此的热情。最近起念写此文，查阅的相关资料，证实李约瑟在由英国派往中国任参赞的第一年就迫不及待地去了都江堰。当然，他原本的目的地是敦煌石窟，由重庆经成都去陇西的途中就劈面遇见了都江堰。都江堰令李约瑟着迷、惊叹不已。据说"它的设计在美学上赏心悦目"，也使这位曾经的剑桥博士、胚胎学专家为之折服。

他甫到中国，就奔敦煌而去，显然是受中国古代灿烂的艺术文化的召唤，或许在那时李约瑟的脑海里，中国早期只是人文文化发达，科技文化尚不足道。来中国之前，他对中国的向往是对神秘而遥远的异域文化的向往，少有科学技术方面的概念。我想，一定是都江堰等水利工程给他留下了难以磨灭的印象，改变了他关于中国科技"从来就不发达"的看法。

其实，中国的近现代科技为何不发达，落后于西方？中国的有识之士在李约瑟发问的半个多世纪之前早已自问。这是一个刻骨铭心的、挥之不去的大问号。答案归纳起来虽然不容易，但大致有三个层面还是清楚的，即一是思想文化传统方面的，二是体制和制度层面的，三是民族精神气质和性格特征，等等。本文不想在各种答案上再增加新的内容，而是想揭示李约瑟之问的背景。同样是问这个问题，中国学者或有识之士的目的是找到原因，急于改变中国的落后现状。至于李约瑟，则是想对复杂的文化现象和人类学现象作出自己的解答。据说作为生物化学家的李约瑟与人类学家有很频繁的学术交往，如与玛格丽特·米德等都是好朋友。他刚进入中国的昆明，就给美国这位著名人类学家写信，谈了自己"在中国最初的36小时的印象"，因此有理由认为"李约瑟之问"深受人类学界的影响。

20世纪20年代到40年代正是文化人类学大发展的时期，所谓文化人类学，关注的是文化在各民族的建构过程中发挥的作用。因此，世界文化的多样性、相对性得到了人类学者足够的重视和研究，许多西方学者通过田野调查挑战了西方中心主义和单线进化论，即那种把文化看成历时性的，由落后到先进逐渐递进的单线排列的认识模式。他们认为各民族文化有各自的合理性，不能把全人类丰富的文化进程作为普遍的统一的历史来对待。当然，更不能从现代科技的发展与否来判断人种的优劣。正是在这一大背景下，李约瑟来到正值抗日战争时期的中国，肯定了中华文明的伟大，并写下了《中国西南部的科学》《中国西北部的科学与技术》等论文，将之发表在《自然》杂志上，既从精神上、思想上鼓舞了中国人民抗日战争的信心，也为其后的《中国科学技术史》的出版打下了坚实的基础。

当然，那部伟大的科学技术史是按科学门类分卷的，如果是按历史年代排列，则都江堰、郑国渠、灵渠当为开卷。至今它们还以当年的历史风貌屹立在中国大地上！

后记

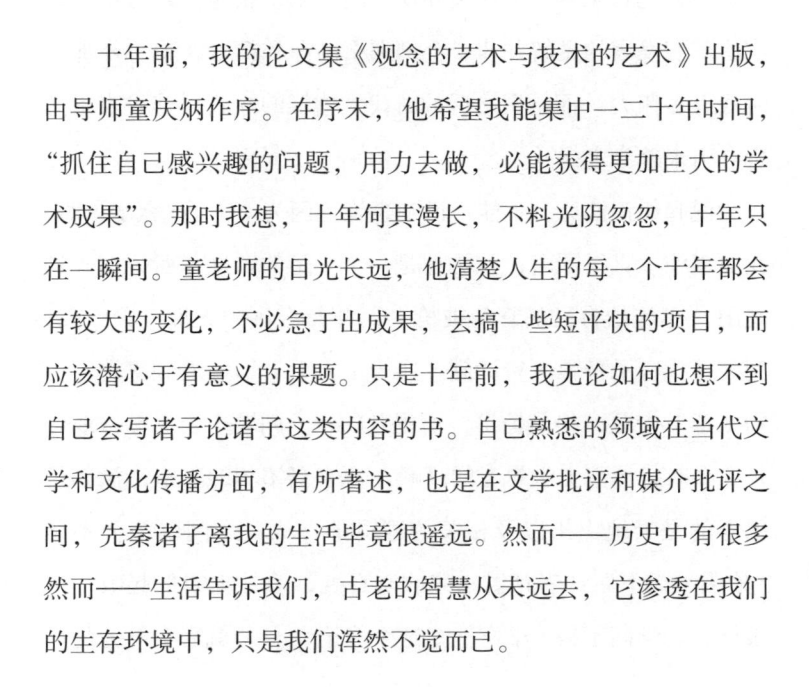

　　十年前,我的论文集《观念的艺术与技术的艺术》出版,由导师童庆炳作序。在序末,他希望我能集中一二十年时间,"抓住自己感兴趣的问题,用力去做,必能获得更加巨大的学术成果"。那时我想,十年何其漫长,不料光阴忽忽,十年只在一瞬间。童老师的目光长远,他清楚人生的每一个十年都会有较大的变化,不必急于出成果,去搞一些短平快的项目,而应该潜心于有意义的课题。只是十年前,我无论如何也想不到自己会写诸子论诸子这类内容的书。自己熟悉的领域在当代文学和文化传播方面,有所著述,也是在文学批评和媒介批评之间,先秦诸子离我的生活毕竟很遥远。然而——历史中有很多然而——生活告诉我们,古老的智慧从未远去,它渗透在我们的生存环境中,只是我们浑然不觉而已。

起意写此书是为了厘清一些问题，纠正自己以往的一些偏见，当然有的偏见是出于无知，有的偏见是因为受自己青少年时代读的一些书本的影响，或者是流行观念的作用，如一直认为庄子是瞧不上孔子的，直到认真阅读了《庄子》的内篇七篇，才清楚在庄子心目中，孔子的地位如巍巍泰山。至于《庄子》的外篇和杂篇中一些调侃、讥讽甚至诋毁孔子的文字，很可能是庄子的后人与儒家子弟争论所引起。本来么，所谓百家争鸣，就是各抒己见，就是辩论、吵架、互怼，再说，那时孔子没有被奉为万世师表，也没有配享太庙，挨后生小子的骂也属正常。说起百家争鸣那活泼和恢宏的气象，很是让人感叹，其实诸子们发表的见解并非个个都那么高深和精妙，也不是那个时代有多伟大，而是秦之后的时代太糟糕的缘故，连发表意见也会引来杀身之祸。

说起纠正偏见，不能不说到惠施，因为《庄子·秋水》篇，我对惠施一直很鄙夷，认为他是一个十足的官迷，听说庄子到魏国，惠施怕自己的官位被抢去，吓得在国中大搜三天三夜，到处寻找庄子身影。待读到《庄子·天下》篇，看到惠施"历物之意"十题，很是惊讶，所提及的十个问题个个玄奥，或许是那个时代形而上学思考的高峰。原来当宰相的惠施，满脑子思考的是天地山川以及相关的逻辑学、语言学问题，而不是"治国平天下"或者帮君王来收割百姓，真让人肃然起敬。也难怪惠施学问了得（学富五车这个成语，最初就来自对他的描述），就是这个官当不好，也当不长。

说起纠正偏见，也不能不提及公孙龙，他的"白马非马"，一直被认为是诡辩论，其实公孙龙不是在实物指认上否认白马属于马的大范畴，只是想说白马的概念不同于马的概念。很可惜，由于在逻辑学和语言学方面的滞后，这位哲人被误解了两千年，可能，我是说可能，也导致了中华文化传统中，数学、科技等得不到应有的发展。自己也常常自问，尽管浸淫中文几十年，为何对传统文化基本是有偏见甚至于无知。当然这么说，不是否认自己在许多方面依然是无知的，更没有把握认为，将自己的见解与读者分享有很大意义，也许新一代年轻人洞若观火，颖悟力强，所能接触的信息资源远非我们年轻时可比，根本就没有类似的偏见。不过有没有偏见先搁一边，诸子之间虽然吵得不可开交，剑拔弩张，但在我们后人看来倒是不亦乐乎。那也是一个激动人心的年代，在激烈的论辩、驳诘、非难、讥刺中，居然出现了奇迹和转机：有了思想的升华，有了智慧的景观，有了雄辩的言辞，有了精神领域在各个方向上的拓展。这是中国历史上千载难逢的机遇期，在这样一个可以自由表达和相互挑战的氛围中，中国文化迎来了自己第一个灿烂繁荣的时期。

在书稿杀青之际，首先要感谢学界老友和同仁李春青、李山、张柠、周志强等的支持、帮助和鼓励。特别是李春青和李山两位教授分别对一些篇章提了宝贵意见，并纠正了某些知识上的错谬。周志强教授则热情鼓动我将诸子怼诸子的讨论进行到底。

这里还要感谢《文史知识》和《中国图书评论》编辑部的大力支持。谷笑鹏和郎静两位编辑的细致和认真，使得文章大致能体面发表。郎静还成就了"诸子论诸子"栏目的延续。

这里特别要提及唐颖同学，她先是在同济大学，而后在上海交通大学的图书馆，以她的图书卡总共帮我借阅了上百本参考书籍。正是唐颖同学付出的热情和劳动，帮我跨越了语言障碍，走近了先秦诸子。对此我表示由衷的谢意。另外，现代出版业加网络，简化了我在汗牛充栋的书籍中大量的翻检工作和体力消耗。

当然，最后要感谢广西师范大学出版社的汤文辉总编辑和责任编辑张洁、吴楠楠，没有他们的辛劳和付出，就没有这本著述的面世。